COMO ELABORAR UM
PLANO DE CARREIRA
PARA SER UM PROFISSIONAL
BEM-SUCEDIDO

O GEN | Grupo Editorial Nacional – maior plataforma editorial brasileira no segmento científico, técnico e profissional – publica conteúdos nas áreas de ciências sociais aplicadas, exatas, humanas, jurídicas e da saúde, além de prover serviços direcionados à educação continuada e à preparação para concursos.

As editoras que integram o GEN, das mais respeitadas no mercado editorial, construíram catálogos inigualáveis, com obras decisivas para a formação acadêmica e o aperfeiçoamento de várias gerações de profissionais e estudantes, tendo se tornado sinônimo de qualidade e seriedade.

A missão do GEN e dos núcleos de conteúdo que o compõem é prover a melhor informação científica e distribuí-la de maneira flexível e conveniente, a preços justos, gerando benefícios e servindo a autores, docentes, livreiros, funcionários, colaboradores e acionistas.

Nosso comportamento ético incondicional e nossa responsabilidade social e ambiental são reforçados pela natureza educacional de nossa atividade e dão sustentabilidade ao crescimento contínuo e à rentabilidade do grupo.

DJALMA DE PINHO REBOUÇAS DE OLIVEIRA

COMO ELABORAR UM PLANO DE CARREIRA PARA SER UM PROFISSIONAL BEM-SUCEDIDO

METODOLOGIA PRÁTICA E OBJETIVA

3ª EDIÇÃO

- O autor deste livro e a editora empenharam seus melhores esforços para assegurar que as informações e os procedimentos apresentados no texto estejam em acordo com os padrões aceitos à época da publicação, *e todos os dados foram atualizados pelo autor até a data de fechamento do livro*. Entretanto, tendo em conta a evolução das ciências, as atualizações legislativas, as mudanças regulamentares governamentais e o constante fluxo de novas informações sobre os temas que constam do livro, recomendamos enfaticamente que os leitores consultem sempre outras fontes fidedignas, de modo a se certificarem de que as informações contidas no texto estão corretas e de que não houve alterações nas recomendações ou na legislação regulamentadora.

- O autor e a editora se empenharam para citar adequadamente e dar o devido crédito a todos os detentores de direitos autorais de qualquer material utilizado neste livro, dispondo-se a possíveis acertos posteriores caso, inadvertida e involuntariamente, a identificação de algum deles tenha sido omitida.

- **Atendimento ao cliente:** (11) 5080-0751 | faleconosco@grupogen.com.br

- *As edições anteriores desta obra traziam o título* Plano de carreira: foco no indivíduo

- Direitos exclusivos para a língua portuguesa
  Copyright © 2018, 2021 (2ª impressão) by
  Editora Atlas Ltda.
  Uma editora integrante do GEN | Grupo Editorial Nacional
  Travessa do Ouvidor, 11
  Rio de Janeiro – RJ – 20040-040
  www.grupogen.com.br

- Reservados todos os direitos. É proibida a duplicação ou reprodução deste volume, no todo ou em parte, em quaisquer formas ou por quaisquer meios (eletrônico, mecânico, gravação, fotocópia, distribuição pela Internet ou outros), sem permissão, por escrito, da Editora Atlas Ltda.

- Capa: Caio Cardoso

- Imagem de capa: shutter_m/iStockphoto

- Ilustrações: João Zero

- Editoração eletrônica: Formato Editora e Serviços

- Ficha catalográfica

CIP-BRASIL. CATALOGAÇÃO NA PUBLICAÇÃO
SINDICATO NACIONAL DOS EDITORES DE LIVROS, RJ)

O46c

Oliveira, Djalma de Pinho Rebouças de

Como elaborar um plano de carreira para ser um profissional bem-sucedido / Djalma de Pinho Rebouças de Oliveira. - 3. ed. [2a. Reimp.] - São Paulo: Atlas, 2021.

Bibliografia.
ISBN 978-85-97-01496-9

1. Empreendedorismo. 2. Profissões - Desenvolvimento. I. Título.

18-47127   CDD: 658.11
                            CDU: 658.016.1

À
Heloísa

"O que mais precisamos na vida é de alguém que nos leve a realizar
o que podemos realizar, e o que de útil podemos fazer."

Emerson

Material Suplementar

Este livro conta com o seguinte material suplementar:

- *Slides* para apresentação (restrito a docentes).

O acesso ao material suplementar é gratuito. Basta que o leitor se cadastre e faça seu login em nosso site (www.grupogen.com.br), clicando em GEN-IO, no menu superior do lado direito.

O acesso ao material suplementar online fica disponível até seis meses após a edição do livro ser retirada do mercado.

Caso haja alguma mudança no sistema ou dificuldade de acesso, entre em contato conosco (gendigital@grupogen.com.br).

GEN-IO (GEN | Informação Online) é o ambiente virtual de aprendizagem do GEN | Grupo Editorial Nacional

Sumário

"Eu posso não ter ido para onde eu pretendia ir,
mas eu acho que acabei terminando onde eu pretendia estar."
Douglas Adams

Prefácio, xiii

Estrutura e diferencial do livro, xvii

1 Conceito e amplitude do plano de carreira, 1

1.1 Conceito, 3

1.2 Finalidades do plano de carreira, 6

1.3 Amplitude do plano de carreira, 9

1.4 Abordagem estratégica do plano de carreira, 10

    1.4.1 Benefícios e precauções do uso da abordagem estratégica, 11

1.5 Momentos do plano de carreira, 13

1.6 Usuários do plano de carreira, 18

    1.6.1 Atuação dos profissionais de empresas, 19

    1.6.2 Atuação das empresas, 35

        1.6.2.1 Tipos de remuneração nas empresas, 47

        1.6.2.2 Estrutura lógica das carreiras nas empresas, 48

    1.6.3 Interligações entre o plano de carreira dos indivíduos e a estrutura de administração das carreiras das empresas, 54

        1.6.3.1 Tendências da interligação entre carreiras para as pessoas e as empresas, 57

1.7 Mitos e inverdades quanto à carreira das pessoas, 59

1.8 Atitudes das pessoas quanto ao plano de carreira, 61

Resumo, 63

Questões para debate, 63

Caso: "Fulano de Tal está preocupado com o seu futuro profissional e não sabe o que fazer", 64

2 Metodologia para a elaboração e aplicação do plano de carreira, 67

2.1 Metodologia para a elaboração e aplicação do plano de carreira, 68

2.2 Fatores componentes do plano de carreira, 76

    2.2.1 Conhecimentos, 76

    2.2.2 Habilidades, 79

Sumário | ix

2.2.3 Atitudes, 82

2.3 Fatores condicionantes do plano de carreira, 84

2.4 Precauções na elaboração e aplicação do plano de carreira, 86

Resumo, 87

Questões para debate, 87

Caso: "Fulano de Tal identificou que o seu problema básico é a inexistência de um plano de carreira focado em seu futuro, como profissional de empresas", 88

3 Fase 1 da metodologia: Análise do mercado atual e futuro, 91

3.1 Etapa 1.1: Estabelecimento da visão, 93

3.2 Etapa 1.2: Estabelecimento dos valores pessoais, 94

3.3 Etapa 1.3: Identificação de oportunidades e ameaças, 95

3.4 Etapa 1.4: Debate de cenários, 98

3.5 Sugestões práticas para a otimizada análise de mercado, 98

Resumo, 102

Questões para debate, 103

Caso: "Fulano de Tal quer conhecer o mercado atual e futuro, com suas oportunidades e ameaças, bem como se o mesmo está compatível com a sua visão e os seus valores pessoais", 104

4 Fase 2 da metodologia: Análise da vocação e da capacitação profissional, 107

4.1 Etapa 2.1: Análise da vocação profissional, 109

4.2 Etapa 2.2: Análise da capacitação profissional, 111

4.3 Etapa 2.3: Identificação da missão e dos focos de atuação, 112

4.4 Etapa 2.4: Estabelecimento da postura estratégica, 115

4.5 Sugestões práticas para as otimizadas análises da vocação e da capacitação profissional, 116

Resumo, 120

Questões para debate, 120

Caso: "Fulano de Tal não conhece a sua real vocação, bem como a sua capacitação, para determinar seu *campo* e forma de atuação como profissional em alguma atividade interessante nas empresas", 121

5 Fase 3 da metodologia: Estabelecimento da vantagem competitiva, 125

5.1 Etapa 3.1: Análise dos concorrentes, 126

5.2 Etapa 3.2: Estabelecimento da vantagem competitiva, 128

5.3 Sugestões práticas para o otimizado estabelecimento da vantagem competitiva, 129

Resumo, 133

Questões para debate, 134

Caso: "Fulano de Tal está encontrando sérias dificuldades de se colocar no mercado de trabalho, pelo fato de não ter – ou não saber se tem – uma vantagem competitiva", 134

6 Fase 4 da metodologia: Estabelecimento dos seus objetivos e estratégias de atuação, 137

6.1 Etapa 4.1: Estabelecimento dos objetivos e metas, 140

6.2 Etapa 4.2: Estabelecimento das estratégias e dos projetos, 147

6.3 Sugestões práticas para o otimizado estabelecimento dos objetivos e estratégias, 164

Resumo, 165

Questões para debate, 166

Caso: "Fulano de Tal quer estabelecer objetivos desafiadores e estratégias criativas para consolidar um otimizado plano de carreira", 166

7 Fase 5 da metodologia: Estabelecimento do código de ética profissional, 169

7.1 Etapa 5.1: Estabelecimento das políticas, 170

7.2 Etapa 5.2: Estabelecimento do código de ética profissional, 171

7.3 Sugestões práticas para os otimizados estabelecimento e aplicação do código de ética profissional, 172

Resumo, 174

Questões para debate, 174

Caso: "Fulano de Tal sabe que precisa desenvolver a sua carreira profissional sustentada por um estruturado, interessante e respeitado código de ética", 174

8 Fase 6 da metodologia: Análise da evolução profissional, 177

8.1 Etapa 6.1: Análise da evolução profissional, 178

8.2 Etapa 6.2: Estratégias para aprimoramento, 183

8.3 Etapa 6.3: Qualidade total do plano de carreira, 183

8.4 Sugestões práticas para a análise e o aprimoramento da evolução profissional, 186

Resumo, 188

Questões para debate, 189

Caso: "Fulano de Tal tem algumas dúvidas quanto à evolução – foco, qualidade e velocidade – de sua carreira como profissional de empresas", 189

Glossário, 191

Bibliografia, 199

Prefácio

"Quanto maior for a crença em seus objetivos, mais depressa você os conquistará."
Maxwell Maltz

Eu decidi escrever este livro pela constatação das seguintes realidades atuais:

a) Dificuldade das pessoas de saberem estabelecer, com sustentação, os seus caminhos profissionais, no momento da escolha dos cursos universitários ou técnicos aos quais irão se dedicar nos próximos anos.

b) Possível dificuldade no processo de incorporação dos ensinamentos proporcionados por esses cursos, tendo em vista uma atuação profissional posterior.

c) Evolução da competitividade no mercado de trabalho, criando situações em que os candidatos a emprego sentem-se totalmente inseguros quanto aos caminhos e ações a adotar.

d) Falta de metodologias e maneiras esclarecedoras dos passos que os profissionais – empregados ou não – podem seguir, para a sua natural evolução profissional.

e) Carência de abordagens práticas para que as pessoas possam, efetivamente, aplicar ações que propiciem o seu reconhecimento e aproveitamento profissional por parte das empresas.

Não se está afirmando que o conteúdo deste livro apresenta o único *caminho das pedras* para os leitores elaborarem e aplicarem, com sucesso, seus planos de carreira.

Contudo, se está afirmando que a metodologia apresentada neste livro é perfeitamente estruturada, sustentada, diferenciada, inovadora e testada, para que você possa desenvolver o seu plano de carreira.

Nesse contexto, o conteúdo deste livro tem uma vantagem extra, pois, se você não gostar da metodologia apresentada, pode fazer, de maneira lógica, todas as alterações que julgar necessárias, pois tem algo para efetuar as suas comparações, representado pelo conteúdo deste livro.

Tome muito cuidado com a seguinte afirmação: "Tenho todo o meu plano de carreira na minha cabeça; portanto, sei exatamente o que tenho de fazer ao longo dos próximos anos."

Lembre-se: nós só podemos analisar, decidir e aprimorar o que foi realizado anteriormente, de forma estruturada e sustentada!

Verifica-se que esta corresponde a uma contribuição fundamental deste livro.

Outro aspecto que você deve considerar é quanto à perda de tempo em determinados períodos curtos ou longos em sua vida profissional, em que, inclusive por vontade própria, efetua uma *guinada de 180º* em seu caminho profissional.

Inclusive, se você for estudante universitário, seguramente conhece vários exemplos de colegas que desistiram de uma faculdade e passaram a cursar outra! E isso, sem a certeza de que essa nova vida acadêmica é a que servirá de sustentação para a sua vida profissional.

Naturalmente, alterações nos caminhos da vida pessoal e profissional ocorrem tanto com profissionais de empresas quanto com estudantes, principalmente de faculdades e de cursos técnicos.

E por que essas situações identificadas neste prefácio, bem como outras de conhecimento dos leitores, ocorrem em vários momentos e áreas do conhecimento humano?

A resposta é muito simples – mas também *chata* – e inquestionável: a grande maioria das pessoas – independentemente do seu nível intelectual – não elabora e aplica planos de carreira para as suas vidas, como profissionais de empresas.

Se você leu este prefácio, e entendeu o que *passou pela cabeça do autor*, você pode, neste momento, tomar uma decisão simples, mas importante, correspondente a ter ou não um plano de carreira.

A decisão é de cada um; e a vida também!

Djalma de Pinho Rebouças de Oliveira

Estrutura e diferencial do livro

"Ao adotar uma resolução, considere os resultados, e não as dificuldades."
Autor desconhecido

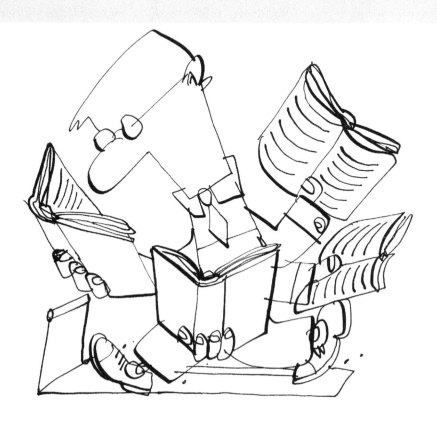

Este livro está estruturado em oito capítulos, com conteúdos perfeitamente interligados, facilitando a sua leitura e entendimento.

Isso é importante, pois você deve, ao final da leitura do livro, ter plena condição de elaborar e aplicar um plano de carreira, para que, efetivamente, se consolide como um profissional de sucesso.

O Capítulo 1 mostra, com elevada abordagem estratégica, o conceito e as finalidades do plano de carreira, incluindo a sua amplitude, bem como a identificação e a atuação dos seus usuários, representados, de um lado, pelos profissionais e, de outro, pelas empresas contratantes. Analisa, também, os mitos e as inverdades quanto à carreira profissional das pessoas.

O Capítulo 2 apresenta, de forma resumida, uma metodologia para a elaboração e aplicação do plano de carreira por parte do leitor.

Essa metodologia é resultante de trabalhos diversos realizados pelo autor como consultor de empresas e, principalmente, como *coach* – treinador – de profissionais e de herdeiros de empresas familiares.

A referida metodologia tem seis fases, as quais são apresentadas, com o nível de detalhamento necessário, do Capítulo 3 ao 8.

Também são apresentados os componentes e os condicionantes do plano de carreira, bem como algumas precauções que devem ser consideradas neste processo.

O Capítulo 3 evidencia a Fase 1 da referida metodologia de elaboração e aplicação do plano de carreira, correspondendo à análise do mercado atual e futuro, incluindo a identificação de suas quatro etapas: visão, valores pessoais, identificação de oportunidades e de ameaças para a vida profissional dos leitores, bem como o debate de cenários do mercado de trabalho.

Também aborda algumas sugestões práticas para a otimizada análise do mercado de trabalho.

O Capítulo 4 apresenta, com o nível de detalhamento adequado para seu perfeito entendimento para você, a Fase 2 da referida metodologia, correspondendo às etapas da análise da vocação, da capacitação profissional, da missão e dos focos de atuação, bem como da postura estratégica ideal para você em seu plano de carreira, incluindo algumas sugestões práticas para a sua efetivação em sua vida profissional.

O Capítulo 5 evidencia a Fase 3 da metodologia de elaboração e aplicação do plano de carreira, explicando como pode ser elaborada a análise dos concorrentes e estabelecida a vantagem competitiva de você como profissional de empresas, incluindo algumas sugestões práticas para a sua consolidação.

O Capítulo 6 apresenta a Fase 4 da metodologia evidenciada, de forma completa, no Capítulo 2, e cuida do estabelecimento dos objetivos e metas – resultados a serem alcançados – e das estratégias e dos projetos – ações a serem operacionalizadas para alcançar os objetivos estabelecidos – para consolidar o plano de carreira, bem como algumas sugestões práticas para facilitar o seu entendimento.

O Capítulo 7 aborda a Fase 5 da referida metodologia, cuidando, com algumas sugestões práticas, do estabelecimento das políticas pessoais e do código de ética profissional do leitor que vai elaborar o seu plano de carreira.

O Capítulo 8 mostra a Fase 6 da referida metodologia de elaboração e aplicação do plano de carreira, referente à análise da evolução profissional, às estratégias para consolidar um aprimoramento da vida profissional ao longo do tempo, bem como a maneira de você conseguir um nível de qualidade total em seu plano de carreira.

Como nos outros capítulos, também são apresentadas algumas sugestões práticas para se consolidar esta última fase da metodologia apresentada, resumidamente, no Capítulo 2.

Ao final de cada um dos oito capítulos são apresentados um resumo, algumas *Questões para debate*, bem como um *caso* para análise e debate, propiciando pleno entendimento do conteúdo dos capítulos dos livros.

Salienta-se que esses oito *casos* se referem a uma única pessoa – Fulano de Tal – que vai desenvolvendo seu plano de carreira, considerando os diversos assuntos apresentados nos oito capítulos do livro. Portanto, ao final da adequada leitura do livro, o plano de carreira básico de você estará elaborado e pronto para ser operacionalizado.

Ao final do livro, são apresentados um glossário, com as definições dos principais termos técnicos utilizados no texto, bem como as referências bibliográficas que proporcionaram maior sustentação ao conteúdo do livro.

Pelo que foi apresentado no prefácio na estrutura do livro, bem como no conteúdo dos oito capítulos, você constatará que o diferencial deste livro está sustentado por seis aspectos de elevada importância para você otimizar o desenvolvimento e a aplicação de seu plano de carreira.

São eles:

i) Elevada amplitude de análise e de decisão

O apresentado no livro possibilita – e facilita – a você elaborar e aplicar seu plano de carreira de forma ampla e sem maiores restrições, pois o foco é apresentar uma metodologia estruturada para o seu desenvolvimento, bem como uma série de sugestões para garantir maiores qualidade e sucesso nesse trabalho

ii) Tratamento de todas as questões essenciais

São propostas todas as questões básicas, tanto para quem elabora o plano de carreira como para a empresa que deve se estruturar para melhor receber e usufruir dos conhecimentos desse profissional que estruturou o desenvolvimento de sua carreira.

iii) Consolidação de um processo de elevada motivação incentivada e direcionada para a evolução sustentada da carreira profissional

Isso é feito com a apresentação de uma metodologia estruturada e testada para facilitar o desenvolvimento do plano de carreira; e mais: com a apresentação de várias *dicas*.

iv) Facilidade de leitura, assimilação e aplicação do conteúdo do livro

Isso porque o apresentado te leva a:

- pensar a respeito da importância do plano de carreira;
- lembrar que a principal questão inerente ao plano de carreira é o "como fazer";
- analisar cada parte do plano de carreira de forma sequencial, evolutiva e acumulativa;
- analisar e responder a algumas questões no decorrer do texto, para incentivar a releitura e as reflexões sobre o texto;
- debater alguns exemplos ou situações, reais ou fictícias, para reforçar a análise e o raciocínio inerente ao assunto *plano de carreira*;
- analisar e debater questões apresentadas ao final de cada capítulo;
- analisar, debater e propor soluções para os casos apresentados ao final de cada capítulo;

- entender as interligações entre os capítulos e as seções do livro, bem como junto a outros livros do autor que auxiliam no desenvolvimento do plano de carreira;
- entender que o plano de carreira é algo simples, lógico e de relativa facilidade no seu desenvolvimento e aplicação, desde que se conheça uma metodologia estruturada para tal; e
- entender que o plano de carreira faz parte do dia a dia de todo e qualquer profissional, inclusive com forte influência em sua vida profissional.

v) Facilidade de ensino

Além de facilitar o processo de assimilação pelo aluno, também proporciona facilidades para a transmissão dos conhecimentos pelos professores, pois o livro está estruturado para tal, apresenta adequado equilíbrio entre a teoria e a prática, bem como explicita a importância de cada pessoa ter o seu plano de carreira elaborado com qualidade total.

vi) Elevada abordagem prática

Essa questão prática tem sustentação em uma estruturada e testada metodologia para o desenvolvimento e a aplicação de um otimizado plano de carreira por você.

Para facilitar a assimilação dos conteúdos, as chamadas no corpo do texto – para você pensar, com mais profundidade, a respeito do assunto em debate – estão interligadas, de forma direta ou indireta, com as *Questões para debate* apresentadas no final de cada capítulo, bem como auxiliam na proposta de solução dos casos apresentados; e todas as análises e debates devem ser alocados em seu plano de carreira, que será desenvolvido durante a leitura e entendimento deste livro.

> **Para sua análise:** Analisar e debater, ao final da leitura, os seis aspectos evidenciados quanto ao diferencial deste livro.
> Hierarquizar esses seis aspectos quanto ao nível de influência na qualidade de seu plano de carreira.

Boa leitura, ótimo plano de carreira e sucesso para você!

Djalma de Pinho Rebouças de Oliveira

Capítulo 1
Conceito e amplitude

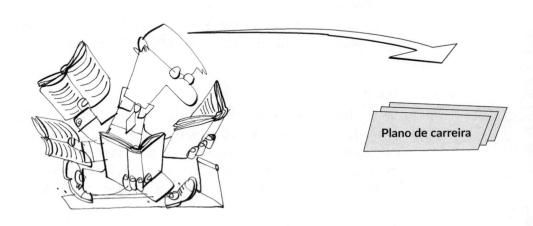

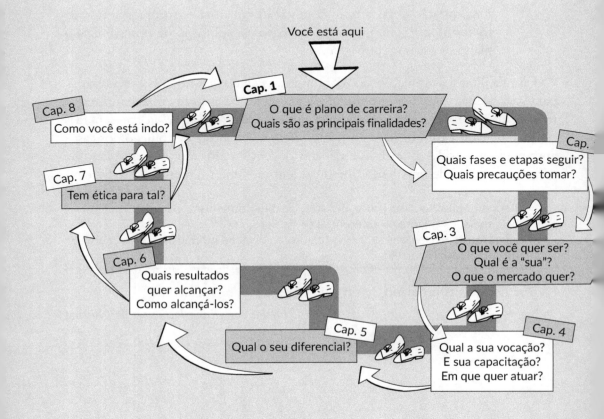

Conceito e amplitude do plano de carreira

"Se fizéssemos todas aquelas coisas de que somos capazes, nós nos surpreenderíamos a nós mesmos."
Thomas Edson

Neste capítulo inicial são apresentados os aspectos básicos para você *entrar no contexto* do livro.

A assimilação do conteúdo deste capítulo posicionará você quanto à importância de um plano de carreira, em qualquer das cinco situações:

a) Para facilitar a sua escolha e direcionamento a uma atividade profissional específica, contribuindo para a decisão quanto à faculdade ou curso que deverá realizar.

b) Para otimizar o seu processo de estudo e de aprendizado ao longo da realização do curso na instituição escolhida.

c) Para facilitar o seu processo seletivo perante vagas de emprego junto a empresas atuantes em segmentos de sua escolha.

d) Para facilitar a sua evolução profissional na empresa em que estiver trabalhando.

e) Para facilitar os seus rearranjos de rumo profissional, perante oportunidades e ameaças que ocorram no mercado de trabalho.

Ao final da leitura deste capítulo, você poderá responder a algumas importantes questões, tais como:

- Qual o conceito de plano de carreira?
- Quais as finalidades de um adequado plano de carreira?
- Qual a amplitude que um plano de carreira pode apresentar?
- Como o plano de carreira pode ser elaborado em um contexto estratégico?
- Quais são os usuários – ativos e passivos, atuais e futuros – de um plano de carreira?
- Como as empresas estruturam o processo de administração de carreiras?
- Quais são os possíveis mitos e inverdades quanto à carreira profissional das pessoas?
- Quais são as atitudes das pessoas perante os planos de carreira?

1.1 Conceito

O termo *plano de carreira* pode ser conceituado como apresentado a seguir.

Uma forma interessante é conceituar este termo pela soma de suas partes.

> **Plano** é o documento formal que consolida informações, atividades e decisões desenvolvidas com base em uma metodologia de planejamento de carreira.

Portanto, quando se fala em plano de carreira, está-se referindo a algo formal, escrito; essa uma premissa para que um estudo possa ser aprimorado ao longo do tempo.

Lembre-se de que ninguém consegue aprimorar o que está *apenas na cabeça*.

É como este livro. Ele só foi concluído, em sua primeira edição, após várias tentativas de estruturações, de conteúdos, de interações, até o ponto em que o autor considerou adequado para o seu lançamento.

Se o autor não tivesse formalizado todas as suas ideias e conhecimentos a respeito de plano de carreira para os leitores, ao final de 10 ou 20 anos, se perguntado a respeito do livro, a única – e idiota – resposta seria: "Estou pensando todos os dias a respeito desse livro."

Mas, sem escrever, nunca sairia da *estaca zero*.

E essa situação terá uma evolução natural, ao longo do lançamento de novas edições deste livro.

O mesmo acontece com todo e qualquer plano; e com o plano de carreira em particular, que é o assunto de interesse neste livro.

Você deve começar hoje – *aqui e agora* – a escrever a respeito de seu plano de carreira, colocando todas as folhas escritas em uma pasta que fique à sua disposição de forma rápida e permanente.

Outra *dica* preliminar para os leitores é que a metodologia exposta no Capítulo 2, e posteriormente detalhada nos Capítulos 3 a 8, pode apresentar alguns assuntos mais complexos para a sua realidade como profissional.

Embora a metodologia apresentada para a elaboração e aplicação do plano de carreira pelos leitores seja algo perfeitamente estruturado e sustentado, com uma sequência lógica de seis fases – constituídas por 17 etapas –, você pode iniciar as análises e os detalhamentos em fases não sequenciais – pelas mais fáceis e lógicas para a sua realidade –, e, depois, realizar as interligações, ajustes e complementações necessários.

É, mais ou menos, o comportamento dos vestibulandos no importante e ansioso momento do vestibular para as faculdades escolhidas de acordo com o curso estabelecido.

O lema é: "Vá com o máximo de inteligência e conhecimentos; mas com senso crítico e calma administrados de acordo com o tempo disponível."

> **Carreira** é o conjunto planejado, estruturado e sustentado de estágios que consolidam a realidade evolutiva de cada indivíduo, de forma interativa com as necessidades das empresas e das comunidades onde elas atuam.

Juntando os dois conceitos – plano e carreira – tem-se o conceito de plano de carreira, conforme apresentado a seguir:

> **Plano de carreira** é a explicitação formal de um conjunto planejado, estruturado, sustentado e sequencial de estágios que consolidam a realidade evolutiva de cada indivíduo, de forma interativa com as necessidades das empresas e das comunidades onde elas atuam.

Analisando o significado e a abrangência de cada uma das partes do conceito apresentado, tem-se:

a) Explicitação formal

É importante que o plano de carreira seja algo formalizado, pois só é possível aprimorar o que foi, antecipadamente, estruturado, escrito e analisado.

As pessoas que afirmam que seus planos – pessoais e das empresas onde trabalham – estão "na cabeça", seguramente não têm plena condição de aprimorar essas *ideias*, as quais não podem ser chamadas de planos.

E não se esqueça: para algo ser chamado de plano, deve estar formalizado, preferencialmente com elevada qualidade.

b) Conjunto planejado, estruturado, sustentado e sequencial de estágios

O plano de carreira, como todo e qualquer projeto e processo, deve ser desenvolvido em etapas ou estágios, com resultados bem definidos, tendo em vista possibilitar a sua efetiva evolução.

c) Realidade de cada indivíduo

O plano de carreira não é algo padronizado para todo e qualquer indivíduo, apresentando particularidades que devem ser respeitadas.

Essa é a razão básica de que todo e qualquer plano de carreira deve ser elaborado por quem vai aplicá-lo.

No máximo, pode existir uma pessoa que oriente o desenvolvimento e a aplicação do plano de carreira por cada indivíduo. Essa pessoa pode ser chamada de *coach* ou treinador.

> **Coach** (treinador) é o profissional com amplo conhecimento do mercado de trabalho, bem como das técnicas de análise da vocação e da capacitação atual e potencial das pessoas em treinamento, e que sabe transmitir, diretamente ou via terceiros, todos os ensinamentos e orientações necessários para a estruturação e a aplicação de um plano de carreira otimizado na realidade atual e futura de cada pessoa treinada.

Verifica-se que o processo de *coaching* é um exercício refinado de liderança, o qual conduz as pessoas ao alto desempenho, pela construção de relacionamentos entre os executivos e os funcionários de uma empresa.

Em alguns casos, os professores podem desempenhar, com qualidade, esse papel.

Como um possível auxílio externo para o desenvolvimento de sua carreira, você pode considerar os *coaches* pessoais, especialistas – com maior ou menor capacidade – em analisar conjunturas de carreiras e em auxiliar no delineamento de estratégias (ver seção 6.2), sempre com foco nos objetivos e metas (ver seção 6.1), estabelecidos por cada indivíduo.

O *coach* surgiu no meio esportivo na década de 1970 – o termo significa, em inglês, técnico de atleta – e migrou para o meio empresarial na década seguinte, com a finalidade de tornar os profissionais das empresas mais competitivos e comprometidos com os resultados esperados pelas empresas.

O passo seguinte foi dos *coaches* se direcionarem para as consultas individuais de profissionais – empregados ou não – na procura de sua evolução – ou recolocação – profissional, seja em questões de relacionamentos, de análise de segmentos empresariais de interesse, de posicionamento em entrevistas, de aparência ou mesmo em qualidade de vida; ou seja, pessoas que sabem fazer as perguntas certas, de forma correta.

Deve-se tomar cuidado, pois *coaching* lida com pessoas, mas não é terapia. Portanto, existe a premissa do *coach* olhar o futuro das pessoas, com suas oportunidades e ameaças e não deve se preocupar com o passado, o qual serve, única e exclusivamente, como um possível referencial de debate, principalmente quanto aos pontos fortes – e potenciais – de cada pessoa considerada no processo de *coaching*.

Para detalhes a respeito desse assunto você pode analisar o livro *Coaching, mentoring and counseling*, dos mesmo autor e editora.

Uma *dica* para você, caso queira se aproximar de algum *coach*, é que deve se preocupar principalmente com a metodologia de desenvolvimento do processo de *coaching* e fugir daqueles que se comportam como terapeutas.

Alguns dos estudiosos que proporcionaram os primórdios do estudo do processo de *coaching* foram o treinador norte-americano Timothy Gallwey, na década de 1970, e, principalmente, o psicólogo britânico John Withmore, que criou o primeiro modelo estruturado de *coaching* corporativo.

d) Forma interativa com as necessidades das empresas e comunidades

Um plano de carreira não tem maior validade se não for coerente com a realidade e as necessidades das empresas onde a pessoa considerada possa vir a trabalhar.

E, preferencialmente, também deve evidenciar as necessidades da comunidade em que as empresas objetivadas atuam, para possibilitar uma interação evolutiva entre as partes – pessoas e empresas – da forma mais ampla possível.

Para seu posicionamento inicial: estabelecer o seu conceito do termo *plano de carreira* e revisá-lo ao final da análise deste livro.

1.2 Finalidades do plano de carreira

São várias as finalidades de um plano de carreira; entretanto, neste momento, o importante é focar as principais, para facilitar a sua análise por você.

São elas:

a) Dar foco de direcionamento profissional para as pessoas

Seguramente, essa é a principal finalidade de um plano de carreira.

Já foi apresentada, neste livro, a questão das dúvidas que principalmente os mais jovens têm quanto ao que é melhor se dedicar, para otimizar o seu futuro profissional, com qualidade de vida.

Lembre-se do lema: "Se não sei aonde quero ir, todas as direções e caminhos servem."

E, é aí, que as pessoas podem perder tempo precioso em suas vidas.

b) Facilitar a interligação entre conhecimentos diversos

Além de o plano de carreira focar o direcionamento de esforços para o desenvolvimento profissional, ele, pela sua própria amplitude, facilita para que as pessoas identifiquem outros conhecimentos necessários às maiores velocidade e qualidade nos seus desenvolvimentos profissionais.

Portanto, o plano de carreira, quando bem elaborado, evita, por exemplo, que um aluno em um curso universitário desperdice momentos *preciosos* para aprender determinados assuntos que estão disponíveis para ele nesse momento.

Isso ocorre porque muitos alunos não conseguem entender a importância de um assunto, que eles podem considerar *chato*, mas que tem influência direta, ou mesmo indireta, na consolidação de seu plano de carreira.

Pode-se considerar que, ao longo do tempo, cada vez mais, existirá uma preocupação em se ensinar os alunos – de cursos diversos – a prepararem os seus planos de carreira.

O autor deste livro não teve essa orientação, mesmo em seu curso universitário, mas teve a sorte de um parente próximo conhecer a importância do assunto, e o ter orientado a respeito, inclusive quanto a elaborar um plano detalhado, formal e seguido ao longo dos anos, principalmente no final do curso universitário e nos primeiros anos de sua atividade profissional.

 Para você pensar: você tem facilidade – ou dificuldade – em reconhecer a importância dos assuntos inerentes às disciplinas do seu curso profissional?

c) Facilitar, se necessário, a alteração do rumo profissional

Embora essa seja, na maior parte das vezes, uma situação problemática, ela pode ser menos ou mais complicada, dependendo da existência ou não de um plano de carreira estruturado.

Existem pessoas que têm elevada dificuldade em pensar e trabalhar o seu futuro; e, nesses casos, é válido que essas pessoas façam seus planos de carreira com algumas – mas, nunca, várias – alternativas.

Pode ser que esses planos de carreira com algumas alternativas provoquem uma *confusão mental* no processo decisório dessas pessoas mas, muito pior, é elas não terem plano algum.

d) Dar maior segurança para as pessoas

As pessoas que explicitam, formalmente – por escrito –, o que querem fazer, as suas ideias, os seus planos etc., dão o primeiro passo para receber contribuições – basicamente todas elas construtivas – das outras pessoas.

Ou seja, é uma forma de conseguir, de forma direta ou indireta, as percepções e os conhecimentos das outras pessoas, o que, sem dúvida, proporciona maior segurança para cada leitor que elabora seu plano de carreira.

Este autor percebeu, na prática, essa situação, mas de forma restrita, em seus trabalhos de consultoria, principalmente quando da entrega dos relatórios das atividades realizadas. Nesse momento, surgiam contribuições importantes de algumas áreas da empresa-cliente, as quais eram de elevada importância para realizar ajustes nos relatórios ou, então, explicar melhor para os profissionais da empresa-cliente que não tinham entendido o relatório em sua plenitude.

Mas, qualquer que seja a causa, a contribuição e o questionamento dessas pessoas foi de elevada validade para a melhoria do relatório apresentado.

Este autor também teve a oportunidade de consolidar esse processo, agora de forma ampla e plena, com a publicação de seus livros, possibilitando que essas contribuições, de pessoas diversas e em várias localidades, pudessem contribuir para o aprimoramento de cada livro em suas novas edições.

Esse processo interativo entre quem formaliza algo e os seus leitores é de elevada importância para o aprimoramento profissional de todos.

Mas existe uma premissa: "Quem escreve deve ter a humildade de saber receber críticas e elogios dos outros; e a inteligência de saber utilizar esses comentários em proveito próprio, bem como disponibilizá-los para os outros."

Como decorrência do apresentado neste item, pode-se considerar uma última finalidade do plano de carreira, a qual, quando realizada, proporciona interessantes benefícios para a vida profissional do leitor.

e) Propiciar amplo debate da vida profissional das pessoas

Foi explicado, no item anterior, que o plano de carreira, pelo fato de ser formal – escrito –, possibilita, com facilidade, amplo debate com os parentes, amigos e colegas do leitor, consolidando um aprimoramento em *tempo real* de várias ideias e análises colocadas no plano.

Inclusive, existem situações, reais, de pessoas serem auxiliadas em seu plano de carreira ao realizarem esses debates com pessoas de seu relacionamento pessoal, ou com profissionais de empresas de recrutamento e seleção, ou da própria empresa, com possibilidade de efetuarem determinadas contratações a curto prazo.

Imagine duas situações alternativas:

- uma pessoa vai, de *mãos vazias*, conversar com amigos ou profissionais de empresas, buscando auxílio em sua vida profissional; e
- outra pessoa tem o mesmo objetivo da pessoa anterior, mas tem, apresenta e debate um plano de carreira estruturado.

Pergunta simples: "Quem você acha que tem maior e efetiva possibilidade de conseguir o que quer de sua vida profissional?"

 Para você pensar: qual a finalidade do plano de carreira que mais "mexeu" com você? Justificar a resposta.

1.3 Amplitude do plano de carreira

Um plano de carreira pode ter amplitudes bem distintas, cada uma com suas vantagens.

Se a amplitude for reduzida, as vantagens podem ser o foco mais direto e o menor período de tempo utilizado no seu desenvolvimento.

Se a amplitude for elevada, as vantagens podem ser o melhor processo de análise e o maior conjunto de alternativas, as quais são importantes em um plano de carreira.

Por razões óbvias, o autor apresenta, neste livro, uma amplitude a mais elevada possível, propiciando ao leitor todas as condições para que seu plano de carreira seja de plena e inquestionável qualidade.

1.4 Abordagem estratégica do plano de carreira

Um dos aspectos mais importantes para a obtenção de sucesso em sua vida profissional é que cada indivíduo consolide uma abordagem estratégica em seu plano de carreira.

O que, em princípio, parece um *jogo de palavras*, na prática representa um importante diferencial de qualidade no plano de carreira.

Isso porque a abordagem estratégica considera três aspectos básicos:

a) Uma metodologia estruturada para o seu desenvolvimento e implementação.

b) A possibilidade do estabelecimento da situação futura desejada por cada indivíduo quanto à sua carreira de forma planejada, estruturada, vocacional, sustentada e sequencial.

c) A perfeita interação entre a realidade interna ou controlável de cada indivíduo – pontos fortes, pontos fracos, capacitações, vocações – e a realidade externa ou não controlável, representada pela situação do mercado de trabalho – oportunidades, ameaças –, quer seja no momento atual, quer seja em um momento futuro, decorrente dos diversos cenários de mercado que você consegue analisar.

Salienta-se que a metodologia para a elaboração e aplicação do plano de carreira, apresentada na seção 2.1, considera, na plenitude, a abordagem estratégica, possibilitando ao leitor a preparação de otimizado plano de carreira para a sua vida profissional.

Essa é uma situação interessante, pois as questões estratégicas podem ser aplicadas para os países, as regiões, as cidades, as empresas – de qualquer tipo –, bem como para os indivíduos, em sua vida pessoal e profissional, sendo esta última situação o foco deste livro.

1.4.1 Benefícios e precauções do uso da abordagem estratégica

A aplicação da abordagem estratégica no plano de carreira proporciona, de forma direta, alguns benefícios para você.

São eles:

a) Maior facilidade na identificação e análise das incertezas pessoais e das relativas ao mercado de trabalho

Pelo fato de a abordagem estratégica ter elevada amplitude em suas análises, ela proporciona, de forma estruturada, essa facilidade para cada indivíduo, a qual é fundamental para a otimizada qualidade de seu plano de carreira.

b) Concentrar atenção nos objetivos

A abordagem estratégica evita que o indivíduo fique *dando tiro para tudo que é lado*, despendendo esforços de maneira inútil.

Mais detalhes são evidenciados na seção 6.1, quando da apresentação da etapa 4.1 da metodologia de elaboração e aplicação do plano de carreira (estabelecimento de objetivos e metas).

c) Facilitar o processo de avaliação e de aprimoramento pessoal e profissional

Como a abordagem estratégica apresenta uma situação planejada do futuro de cada pessoa, por decorrência propicia que se possa avaliar "como se está indo" para a situação almejada da carreira, bem como quais são as ações e estratégias que cada leitor deve operacionar para o aprimoramento de sua situação pessoal e profissional.

Mais detalhes são apresentados no Capítulo 8.

d) Identificar e usufruir as oportunidades de mercado

Como na abordagem estratégica o indivíduo está olhando de dentro de si – vocação e capacitação – para fora – mercado de trabalho –, se torna possível identificar e usufruir algumas interessantes oportunidades existentes no mercado.

Mais detalhes são apresentados na seção 3.3.

e) Desenvolver novos conhecimentos

Como a abordagem estratégica considera um processo evolutivo entre o *aqui e agora* da realidade de cada indivíduo e o seu futuro desejado, com perfeita interação com os cenários possíveis desse mercado – ver seção 3.4 –, é possível identificar os novos conhecimentos que o indivíduo considerado deve obter para que seu plano de carreira tenha sucesso.

   f) Consolidar a capacitação ideal para melhor atender às expectativas do mercado de trabalho

Como a abordagem estratégica é de elevada amplitude, interligando todos os aspectos controláveis e não controláveis pelos indivíduos, possibilita, com nível de dificuldade médio, que cada indivíduo possa delinear e consolidar a sua capacitação ideal, para ter sucesso no mercado de trabalho.

E, tendo em vista que o mercado de trabalho é evolutivo, com algumas fortes mudanças, é necessário que essa capacitação – englobando também as habilidades e as atitudes dos indivíduos – considere o momento atual e futuro do mercado de trabalho.

Mais detalhes são apresentados nas seções 2.2, 3.4 e 4.2.

   g) Otimizar o plano de carreira

Já foi evidenciado, na seção 1.4, que a abordagem estratégica é fundamental para a qualidade do plano de carreira, bem como a metodologia apresentada na seção 2.1 considera, na amplitude máxima ideal, a referida abordagem estratégica.

> **Para você pensar:** hierarquizar, com exemplos e justificativas, os sete benefícios da abordagem estratégica do plano de carreira.

Entretanto, é necessário evidenciar algumas precauções que devem ser adotadas no processo de consolidação da abordagem estratégica no plano de carreira das pessoas.

São elas:

- considerar todas as questões pessoais e profissionais identificáveis para a melhor qualidade na elaboração do plano de carreira;
- ter paciência no processo de elaboração do plano de carreira, obtendo todas as informações necessárias e não *queimando* etapas;

- elaborar o próprio plano de carreira, não copiando de algum amigo, pois cada um tem a sua realidade e expectativas próprias;
- eliminar as resistências ao seu plano de carreira, principalmente as próprias;
- adequar, com inteligência, a sua realidade às suas expectativas atuais e futuras inerentes ao plano de carreira;
- considerar a sua intuição, pois ela pode dar *dicas* interessantes para o seu plano de carreira, bem como pode aumentar o seu nível motivacional quanto ao seu futuro como profissional de empresas;
- interligar o longo, o médio e o curto prazos de seu plano de carreira, pois você deve enxergar longe, mas ir *subindo degraus* paulatinamente; e
- ter continuidade em suas análises e no processo de avaliação e aprimoramento de seu plano de carreira.

Essas precauções, e outras que você vai identificando em sua realidade pessoal, em muito auxiliarão no desenvolvimento e consolidação de seu plano de carreira.

1.5 Momentos do plano de carreira

O plano de carreira pode ser considerado em, pelo menos, cinco momentos principais na vida das pessoas.

São eles:

- Momento A: a pessoa ainda não decidiu o que *quer fazer da vida*, e a sua preocupação básica é conseguir identificar alguma profissão com a qual deverá trabalhar, preferencialmente durante o restante de sua vida útil. Pode corresponder a uma pessoa em fase pré-vestibular ou em início de escolha de um curso técnico.
- Momento B: a pessoa já definiu e consolidou – ou está na fase final de consolidação – a área em que vai trabalhar ao longo de sua vida útil. Essa situação pode corresponder a uma pessoa que está concluindo o seu curso universitário ou técnico e se prepara para iniciar sua vida profissional (naturalmente, desde que soube escolher – e muito bem – a sua formação educacional junto a uma faculdade ou curso técnico).
- Momento C: a pessoa já trabalhou vários anos em uma área de uma empresa, mas perdeu o emprego por alguma razão – demissão,

fechamento da empresa etc. – e essa pessoa precisa redirecionar e, possivelmente, revigorar a sua atuação profissional para conseguir um novo emprego.

- Momento D: idem ao momento C, com a diferença de que a pessoa considerada quer empreender – sozinho ou com sócios – um negócio próprio.
- Momento E: a pessoa se aposentou e não quer *ficar parada*, querendo ter uma efetiva utilidade para o resto de sua vida. Lembre-se que se o cérebro não estiver funcionando adequadamente – pelas atividades e responsabilidades das pessoas –, a morte chega bem antes do planejado.

Para cada um desses momentos, o plano de carreira tem algumas variações e características específicas, as quais são apresentadas nesta seção.

Entretanto, para facilitar o entendimento e a aplicação por parte dos leitores, essas diferentes realidades foram aglutinadas e se consolidou um plano de carreira detalhado, abrangente e versátil, o qual é apresentado nos Capítulos 2 a 8.

Com referência às particularidades dos cinco momentos ou realidades na vida das pessoas, têm-se:

a) Pessoas enquadradas no Momento A

Como elas ainda não têm um foco profissional estabelecido e estão *abertas para o que der e vier*, os seus planos de carreira devem ser os mais amplos possível.

Como o foco básico de decisão é o binômio oportunidades de mercado *versus* vocação e capacitação profissional, você deve se concentrar, fortemente, nos Capítulos 3 e 4, não se esquecendo, logicamente, dos outros capítulos, caso contrário não consegue *fechar* o seu plano de carreira.

Entretanto, com referência ao Momento A do plano de carreira, devem ser feitos alguns comentários extras a respeito, os quais influenciam, de forma direta ou indireta, os outros quatro momentos do plano de carreira.

Existem pesquisas que mostram uma situação preocupante, em que aproximadamente 40% dos jovens que ingressam em cursos universitários apresentam, como o seu maior medo, o de não se identificar com o curso escolhido, resultando em duas opções: a de largar o curso e partir para outra especialidade ou, então, de terminar o referido curso, sem a necessária motivação que seja o seu *motor de arranque* para a sua vida profissional.

As principais causas dessa situação são:

- não estarem preparados para fazer a escolha certa, quanto ao efetivo conhecimento de si próprios;
- não terem conhecimento do curso que irão fazer; e
- não conhecerem a realidade do mercado de trabalho quanto à profissão escolhida nesse momento.

Muitas faculdades estão propiciando cursos fundamentais nos primeiros dois anos, para depois os alunos escolherem as suas opções específicas quanto à carreira.

Mas isso só pode ser feito após o aluno escolher a sua área de atuação, a qual tem que ser decidida antes do vestibular: engenharia, ou administração, ou direito etc.

Essa questão da escolha da profissão antes da entrada em uma faculdade ganhou um complicômetro – ou uma facilidade – extra com a resolução do Ministério da Educação (MEC) de que o ensino médio, atualmente com 13 disciplinas obrigatórias, passará a ter um currículo flexível e deixará quase metade da carga horária das disciplinas como responsabilidade de escolha pelo aluno, com base em cinco itinerários de formação educacional: linguagens, matemática, ciências humanas, ciências da natureza e ensino profissional.

Embora a consolidação plena desse processo deva ocorrer em um período médio de tempo, é importante que cada aluno inserido nesse contexto comece a pensar – de forma estruturada e sustentada – a respeito de seu futuro profissional.

O lado bom é que cada aluno se preocupará, à sua maneira, em obter o máximo de informações a respeito das diversas profissões, a partir de conversas com várias pessoas e de diversas leituras; embora você possa considerar que essa não é uma disciplina de atuação da grande maioria dos jovens estudantes.

Outro aspecto que pode ser positivo é que os próprios alunos consolidem ações e atitudes que façam o ensino médio deixar de ser considerado a etapa mais problemática da educação básica, pois eles terão o fator motivador de maior assimilação de conhecimentos, uma vez que o tema carreira começará a fazer parte de seu dia a dia.

Na prática, pode-se considerar que essa reforma educacional só terá sucesso do ponto de vista do aluno se ele chegar ao ensino médio dominando o que está proposto na base curricular, ou seja, todo o processo educacional ganhará maior importância como sustentação da carreira profissional dos alunos, em seus diferentes estágios.

Esse pode ser um posicionamento demasiadamente otimista, mas essa reforma educacional possivelmente provocará situações em que os alunos passam a se conhecer melhor, a refletir sobre seus objetivos, sobre o que esperam da instituição de ensino em sua formação como profissionais de empresas.

Para você pensar e repensar: Qual o seu posicionamento quanto a pensar na carreira o mais cedo possível?
E como conseguir isso de maneira estruturada, sustentada e lógica?
Elencar, com exemplos e justificativas, as questões positivas e negativas que você visualiza nesse processo.

Por isso que este livro procura *ocupar os espaços* em vários momentos da vida das pessoas: antes da escolha das áreas de atuação, durante a realização do curso, após estar formado, bem quando no momento de possíveis alterações no curso de atuação após vários anos de trabalho em um segmento específico.

b) Pessoas enquadradas no Momento B

Pode-se considerar essa como a situação mais fácil para as pessoas, quanto à elaboração e aplicação de seus planos de carreira.

Para uma pessoa estar enquadrada no Momento B do plano de carreira, é necessário que ela tenha tido a inteligência, a percepção e a motivação quanto à necessidade de um plano de carreira.

Estudos têm demonstrado que a maior parte das pessoas nessa situação ainda não têm um plano de carreira estruturado e formalizado, mas têm uma ideia – e uma lógica – muito interessante a respeito.

E mais, são pessoas que, ao decidirem elaborar um plano de carreira, o fazem com qualidade total (ver seção 8.3).

Pode-se considerar que essas pessoas têm um *pensamento estratégico* a respeito de suas carreiras profissionais.

Pensamento estratégico é a postura do indivíduo voltada para a otimização interativa e em *tempo real* de seu plano de carreira com o mercado de trabalho.

Ou seja, tem pensamento estratégico o indivíduo que, por exemplo, lê um jornal e consegue identificar, na hora, algumas oportunidades ou ameaças que podem ajudar ou prejudicar o seu plano de carreira.

Infelizmente, são poucas as pessoas que possuem esse "algo mais" no processo decisório de suas vidas profissionais.

Entretanto pode-se acreditar que essa situação vai melhorar ao longo do tempo, pois vários cursos universitários e técnicos estão incluindo a disciplina "Plano de Carreira", o que, em muito, poderá facilitar a vida das pessoas no campo profissional.

c) Pessoas enquadradas no Momento C

Nesse caso, a principal *dica* é cada pessoa se acalmar e procurar elaborar, o mais rápido possível, e com o máximo de detalhes, o seu plano de carreira.

É lógico que o ideal – e inteligente – é cada indivíduo ter o seu plano de carreira atualizado, mesmo se estiver, nesta fase, muito *bem empregado*.

d) Pessoas enquadradas no Momento D

A questão de empreender, sozinho ou com sócios, um negócio próprio pode representar uma solução ou, em significativa parte das vezes, um problema maior na vida dessas pessoas.

Vários estudos comprovam que a quantidade de empresas recém-criadas que são fechadas é enorme, sendo que as causas são várias, mas o foco deste livro não está direcionado para esse assunto. Se quiser analisar o assunto pode verificar o livro: *Empreendedorismo: vocação, capacitação e atuação direcionadas para o plano de negócios*, dos mesmos autor e editora.

De qualquer forma, você não deve se esquecer que existem dois grandes grupos de profissionais: os que sabem trabalhar com negócios próprios e os que sabem trabalhar como funcionários em empresas dos outros.

Nenhum grupo é melhor do que o outro, mas deve-se lembrar que são estilos profissionais bem diferentes entre si, e quem *se mete* no grupo diferente do seu pode se *dar muito mal*.

Entretanto a moderna administração está trabalhando muito bem com os conceitos de empreendedorismo interno – funcionário de empresa – e empreendedorismo externo – pessoa que empreende um negócio próprio –, sendo que a única diferença é a questão da propriedade do negócio ou empresa.

> **Empreendedorismo** é o processo evolutivo e inovador da capacidade e habilidade profissionais direcionadas à alavancagem dos resultados das em-

presas – próprias ou de terceiros – e à consolidação de novos projetos estrategicamente relevantes.

e) Pessoas enquadradas no Momento E

Neste caso, uma *dica* bem simples para você: se possível, direcione as suas atividades profissionais para algo produtivo e com um único fator de avaliação, que é a qualidade de vida.

É evidente que essa pode ser uma situação relativamente difícil para significativa parte das pessoas, mas vale a pena se esforçar ao máximo para isso.

Uma *dica* extra, mas fundamental: a busca da qualidade de vida deve estar em todos os momentos da vida pessoal e profissional de cada um.

E, agora, algo para você pensar a respeito. Existem estudos que comprovam que a qualidade de vida é mais e melhor conquistada quando ela é planejada e operacionalizada – em degraus de uma escada – desde os anos mais jovens de uma pessoa.

Para seus comentários: explicar como você, idealmente, deverá atuar em cada um desse cinco momentos básicos da necessidade de um plano de carreira.

1.6 Usuários do plano de carreira

São dois os usuários dos planos de carreira:

- de um lado, os usuários primários, que são os profissionais responsáveis pela sua elaboração e aplicação; e
- de outro lado, os usuários secundários, que são as empresas onde esses profissionais trabalham, pois elas preferem que todos os seus funcionários tenham planos de carreira, pois, consequentemente, a evolução profissional dessas pessoas é mais fácil, mais rápida e, possivelmente, mais focada nos objetivos das empresas consideradas.

Embora este livro esteja direcionado ao usuário primário do plano de carreira, ou seja, os leitores deste livro que cuidam de suas vidas profissionais, não se pode esquecer o outro lado, ou seja, as empresas que contratam essas pessoas como executivos e funcionários.

Na prática, o ideal é que os dois lados se preocupem com essa importante questão, ou seja, você tenha seu plano de carreira e as empresas tenham seu plano de administração de carreira.

Na seção 1.6.3, é analisada, de forma resumida, essa questão da interligação – otimizada – entre o plano de carreira das pessoas e a administração das carreiras realizada pelas empresas.

O pleno entendimento dessa interligação – infelizmente pouco praticada pelas pessoas e pelas empresas – é da maior importância para o otimizado processo de interação – recrutamento, seleção – entre as pessoas e as empresas.

1.6.1 Atuação dos profissionais de empresas

Esse é um assunto de elevado interesse do leitor, pois se está referindo a ele, sendo que, para seu perfeito entendimento, podem-se considerar os seis aspectos apresentados a seguir: conceito, origens, responsabilidades básicas, perfil de atuação, tendências e otimização dos estudos pelos leitores.

Os detalhes desses aspectos são:

I – Conceito

O termo *profissional de empresas* é muito amplo e genérico e, portanto, de difícil conceituação.

Entretanto, pode-se considerar, para debate, o conceito apresentado a seguir.

> **Profissional de empresas** é o indivíduo que contribui, direta ou indiretamente, para a otimização dos resultados das empresas, pelo conhecimento de metodologias e técnicas gerais e específicas à sua área de atuação, bem como pelos trabalhos individuais ou em equipes, quer essas trabalhem ou não sob a sua orientação.

Pelo conceito apresentado, é necessário que, pelo menos, e em menor ou maior intensidade, o profissional de empresas:

- tenha adequado conhecimento das metodologias e técnicas necessárias à otimizada realização dos trabalhos nos quais está envolvido;
- saiba interligar os trabalhos sob a sua responsabilidade com os outros trabalhos realizados pelas outras áreas da empresa; e

- tenha liderança e saiba criar um ambiente motivador para que os outros profissionais da empresa se comprometam com os resultados esperados, bem como saibam realizar os seus trabalhos com qualidade.

Na prática existe uma enorme diferença entre os bons e os maus profissionais da empresa, sendo fácil identificar essas duas realidades.

Espera-se que, ao final da análise do conteúdo deste livro, cada leitor elabore um plano de carreira – como aluno e/ou profissional – como orientação geral de sua atuação nas empresas.

II – Origens

No caso da identificação das origens da atuação do profissional de empresas, podem-se considerar alguns eventos de maior relevância, para posterior debate.

Para você entender que a importância desses profissionais já vem de longa data, pode considerar o apresentado no Quadro 1.1, que evidencia, de forma resumida, um retrospecto dos principais eventos em empresas – ou qualquer tipo de organização estruturada de pessoas –, desde o ano 2800 a.C. até os momentos mais atuais.

Quando se aborda a questão dos profissionais que atuam nas empresas em geral, o assunto administrativo delas é o mais amplo e forte; e essa é a razão do conteúdo do referido quadro ter um *cacoete* administrativo. Ou seja, os assuntos administrativos aparecem em todo e qualquer tipo de empresa.

Essa questão de identificar os principais idealizadores de cada uma das questões das empresas pode ter diferentes interpretações, mas isso não deve ser considerado algo problemático, pois qualquer lista que se fizesse nunca seria uma verdade absoluta.

E, se você quiser, pode preparar a sua própria lista, o que seria altamente válido para o seu estudo da evolução da atuação dos profissionais de empresas, considerando, especificamente, o segmento empresarial de seu interesse.

Nesse contexto pode-se considerar o conteúdo do Quadro 1.1:

Quadro 1.1 Eventos administrativos.

Período/ano	Local ou idealizador	Evento administrativo
2800 a.C.	Mesopotâmia (atual Iraque e terras próximas)	• Estabelecimento das atividades das empresas • Estruturação inicial do controle das atividades das empresas
2600 a.C.	Egito	• Estruturação inicial das funções de planejamento, organização e controle (na construção das pirâmides)
2500 a.C.	China	• Descentralização do poder (com a utilização de assessores)
1900 a.C.	Babilônia (cidade da antiga Mesopotâmia)	• Estabelecimento das operações de um processo (sequência de etapas) • Estabelecimento do valor mínimo de remuneração pelas atividades desenvolvidas • Maior ênfase nas responsabilidades das pessoas
1600 a.C.	Egito	• Descentralização dos controles • Início da aplicação do processo de logística
1500 a.C.	Israel	• Aplicação da estrutura hierárquica de comando
800 a.C.	Itália	• Início da estruturação das instituições administrativas (pelo Império Romano)
500 a.C.	China	• Aprimoramento das atividades de planejamento, organização e direção em ações militares • Início da identificação dos princípios da administração das empresas
400 a.C.	Grécia	• Primeiros estudos das estratégias e do comportamento administrativo nas empresas (Sun-Tzu)
300 a.C.	Itália (Roma)	• Exército é o modelo administrativo para as empresas
1500	Itália (Roma)	• Estudos de liderança • Trabalho em equipes
1776	Escócia	• Estudos da especialização do trabalho (Adam Smith) • Estudos mais avançados sobre controle e remuneração
1800	Inglaterra	• Início de várias inovações na administração: incentivos, bonificações, festas de Natal, métodos de trabalho, seguro de vida e de atividades operacionais nas empresas
1810	Escócia	• Início de aplicação de práticas mais inovadoras de gestão de pessoas
1810	França	• Início da participação dos empregados nos resultados das empresas

Período/ano	Local ou idealizador	Evento administrativo
1820	Inglaterra	• Constituição dos primeiros sindicatos de trabalhadores
1832	Inglaterra	• Início da abordagem científica no estudo e na prática da administração nas empresas
1856	EUA	• Início do uso formal de organogramas (estabelecendo as responsabilidades e as autoridades das áreas das empresas)
1881	EUA	• Fundação do primeiro curso de administração (Universidade da Pensilvânia) (Joseph Warthon)
1903	Frederick Taylor	• Criador e estudioso da administração, com atuação mais destacada na teoria que analisou a administração científica nas empresas
1910	Max Weber	• Idealizador dos primeiros estudos geradores da teoria e dos estudos da burocracia nas empresas
1911	Henri Fayol	• Criador da teoria que iniciou a estruturação dos processos administrativos
1932	Elton Mayo	• Criou a base de sustentação dos estudos das relações humanas nas empresas
1939	Patrick Blackett	• Criou um núcleo de especialistas na análise de operações militares, que foi a base de sustentação para o surgimento da teoria matemática na administração das empresas
1945	Richard Beckhard	• Coordenou a realização dos estudos que analisaram o processo de mudança planejada nas empresas
1947	Herbert Simon	• Desenvolveu uma ciência do comportamento humano isenta da consideração dos valores econômicos das pessoas, o que foi importante base de sustentação para o estudo do comportamento e atitude das pessoas
1951	Ludwig von Bertalanffy	• Identificou os sistemas abertos (empresas) e os sistemas fechados (físicos ou mecânicos), bem como criou a teoria que estruturou os sistemas nas empresas
1951	William Deming	• Estabeleceu os princípios de qualidade total, enfatizando o "fazer certo da primeira vez", bem como estruturou o processo de qualidade desde os fornecedores até o cliente final
1954	Peter Drucker	• Criou e estruturou a administração por objetivos, mas também pode ser chamado de "pai da moderna administração de empresas"
1954	Abraham Maslow	• Criou o modelo de "hierarquia de necessidades" para explicar as origens da motivação das pessoas

Período/ano	Local ou idealizador	Evento administrativo
1957	Glenn Welsch	• Estruturou o orçamento empresarial, contribuindo fortemente para a consolidação da função *finanças* nas empresas
1957	Karl Steinbuch	• Criou o termo *informática*, representando o processamento da informação, contribuindo para a consolidação da função *processos e tecnologia* nas empresas
1958	Joan Woodward	• Realizou os primeiros estudos que originaram a Teoria da Contingência, bem como, em 1965, analisou as interações entre tecnologia e estrutura organizacional
1960	Charles Wits	• Estabeleceu os princípios de reavaliação do processo de controle e avaliação, contribuindo, diretamente, para a consolidação da função *avaliação* nas empresas
1961	Rensis Likert	• Estudou novos padrões e estilos administrativos, o que contribuiu para a consolidação da função *desenvolvimento de pessoas*
1964	Harold Leavitt	• Estudou e estruturou a melhor rede de comunicação entre as pessoas e seus fatores de influência, contribuindo, diretamente, para o desenvolvimento da função *direção* nas empresas
1965	Igor Ansoff	• Estruturou e consolidou a estratégia corporativa e a sinergia entre negócios, desenvolvendo a função *planejamento* nas empresas
1966	Warren Bennis	• Analisou os efeitos das mudanças rápidas e inesperadas nas empresas, e as reações das pessoas a essas situações, contribuindo diretamente para o desenvolvimento da função *gestão de pessoas*
1967	Harold Koontz e Cyril O'Donnell	• Contribuíram para o desenvolvimento da função *organização* nas empresas
1967	Philip Kotler	• Considerado o idealizador da administração de marketing. Ele popularizou o composto de marketing (4 P's), contribuindo para a consolidação da função *marketing* nas empresas
1973	Peter Baily	• Aprimorou o processo de administração de materiais, como *centro nervoso* da função *produção* nas empresas
1992	Robert Monks (com Nell Minow)	• Estruturaram um novo modelo de administração para consolidar melhores resultados e maior valor para as empresas, originando a governança corporativa

Os eventos apresentados no Quadro 1.1 comprovam, para os leitores, que os assuntos das empresas sofrem forte evolução ao longo dos anos e, portanto, os planos de carreira devem prever a necessidade constante das pessoas de se aprofundarem em seus conhecimentos, bem como adquirirem, com qualidade, novos conhecimentos que sejam importantes para as empresas.

Para você se divertir: pesquisar outros idealizadores de assuntos administrativos e/ou técnicos que sejam de interesse para o seu plano de carreira.

III – Responsabilidades básicas

A questão das responsabilidades dos profissionais das empresas fica perfeitamente entendida com a leitura dos assuntos apresentados ao longo deste livro.

Entretanto, nesse momento, é importante evidenciar algumas dessas responsabilidades, para facilitar o entendimento da importância dos conceitos e das práticas proporcionadas pelos ensinamentos das diversas disciplinas que você está cursando ou deverá cursar em breve.

A ordem apresentada não se preocupa com qualquer hierarquia de importância ou cronograma de seu estabelecimento para a realidade dos profissionais das empresas.

Essas responsabilidades são:

a) Obter os resultados esperados por meio da atuação das pessoas

Essas pessoas não são apenas as que trabalham nas empresas consideradas, mas, também, as que são fornecedoras ou clientes dessas empresas.

Esse é, na realidade, o grande *lance* da atuação dos profissionais nas empresas em geral.

Em vários momentos do livro, você verifica que as pessoas representam o foco de catalisação, de aprimoramento e de aplicação de todas as atividades nas empresas.

b) Estabelecer prioridades

O estabelecimento de prioridades é o resultado de um processo de análise – absoluta e relativa – e de hierarquia de diferentes situações, estudos, sugestões e propostas, tendo em vista os resultados que devem ser alcançados e os recursos que estão, no momento, disponíveis aos profissionais das empresas.

Não se está afirmando que todos os profissionais das empresas têm o poder formal de tomar decisões, mas que as pessoas podem – e devem – contribuir, de forma direta ou indireta, para a melhor qualidade decisória nas empresas.

Esse estabelecimento de prioridades pode ser algo simples e corriqueiro, ou pode ser algo penoso, conflitante e inseguro para os profissionais das empresas.

Normalmente, o estabelecimento de prioridades é algo simples, e até prazeroso, quando ocorrem, simultaneamente, as seguintes situações:

- conhecimentos dos resultados – objetivos e metas – que devem ser alcançados;
- adequado sistema de informações, inclusive quanto à sua qualidade;
- processos estruturados que orientem os caminhos, inclusive alternativos, para se alcançarem os resultados esperados;
- utilização otimizada das metodologias e técnicas correlacionadas aos assuntos a serem analisados e priorizados;
- mecanismos de avaliação do processo evolutivo das decisões tomadas; e
- capacitação e habilidade administrativa e técnica do profissional responsável pelo estabelecimento das prioridades.

c) Interligar as atividades exercidas pelas empresas

Pode até parecer estranho, mas essa é, seguramente, a responsabilidade que os profissionais das empresas apresentam maior dificuldade de consolidar.

Na prática, a razão pode ser considerada evidente, pois a grande maioria dos profissionais não conhece, adequadamente, as metodologias e técnicas inerentes à sua área de atuação, o que impossibilita que os mesmos realizem essas interligações e, consequentemente, a administração das empresas se torna cara, ineficiente e ineficaz.

É válido lembrar um lema em administração: "se você não consegue interligar uma atividade com todas as outras atividades da empresa, você não sabe trabalhar com a referida atividade na empresa considerada".

Essa situação chegou a tal nível de preocupação pelas empresas, que um profissional que sabe efetuar essas interligações de forma adequada tem forte vantagem competitiva sobre todos os outros profissionais concorrentes para o seu cargo ou função na empresa considerada.

E as empresas que têm todos os seus assuntos administrativos interligados apresentam elevada e significativa vantagem competitiva sobre as empresas concorrentes que não têm essas interligações consolidadas.

Portanto, essa questão de desenvolver os conhecimentos necessários para saber interligar todas – ou a maior parte delas – as atividades nas empresas é de elevada valia para a qualidade do plano de carreira de cada um dos leitores deste livro. Para detalhes analisar o livro *A moderna administração integrada*, dos mesmo autor e editora.

Acredito que tenha ficado evidente para você que essa questão de interligação de atividades vale para todo e qualquer tipo ou tamanho de empresa.

d) Ter bom senso e, se possível, obter consenso

Bom senso é a capacidade e a habilidade em discernir entre o verdadeiro e o falso, entre os caminhos para o sucesso e para o fracasso, entre o lógico e o ilógico de um assunto administrativo ou técnico na empresa.

Consenso é o processo estruturado, decorrente de uma análise decisória, em que se obtém um acordo ou concordância de ideias e de opiniões a respeito de um assunto ou atividade da empresa.

e) Saber fazer acontecer

Esta é a razão de ser, ou a missão dos profissionais das empresas.

Embora alguns possam *fazer acontecer* sem conhecer administração ou outro assunto ou atividade exercida pela empresa considerada – pela sorte, pelo excesso de oportunidades –, na prática, o que se observa é uma relação direta entre "fazer acontecer" *versus* adequado conhecimento de metodologias e técnicas administrativas e operacionais, independentemente da sua formação educacional básica, principalmente quando se considera a questão da longevidade das empresas.

> **Para sua análise:** identificar outras responsabilidades básicas dos profissionais das empresas.
> E hierarquizá-las com base em um critério estabelecido por você.

IV - Perfil de atuação

A seguir, é apresentado, em uma abordagem ampla, o perfil de atuação que os profissionais devem apresentar em suas atividades nas empresas.

Pode-se considerar que o perfil ideal dos profissionais das empresas apresenta as seguintes características básicas:

- formação humanística, para saber trabalhar com as pessoas e as equipes multidisciplinares, na busca de resultados comuns;
- visão global, para identificar, compreender e agir nas complexidades social, política, econômica, tecnológica e cultural em que as empresas atuam;
- capacitação e habilidade para atuar, de forma ativa, na evolução e no desenvolvimento das empresas;
- conhecimento dos conceitos, metodologias e técnicas diretamente correlacionadas a sua amplitude e área de atuação;
- consolidação de um processo de autodesenvolvimento e de desenvolvimento interativo com seus colegas de trabalho, direcionado à otimização dos resultados das empresas; e
- percepção, absorção e aplicação dos valores e dos princípios éticos e morais da empresa, contribuindo para a sua disseminação e aperfeiçoamento.

Para sua autoavaliação: você deve se avaliar, com exemplos e justificativas, quanto às seis características básicas da atuação dos profissionais de empresas.
E explicar como vai se aprimorar nessas questões.

Analisando essas seis características básicas do perfil ideal dos profissionais das empresas, verifica-se que elas não são nem fáceis e nem difíceis de ser obtidas.

O grande diferencial é a forma e a qualidade de como cada profissional decide identificar, compreender e aplicar os seus conhecimentos nas empresas.

Ainda com referência ao perfil de atuação dos profissionais das empresas, é válido se lembrar de algumas questões que provocam um distanciamento entre a realidade dos cursos, principalmente os universitários, e as necessidades e expectativas das empresas.

De qualquer forma, esse problema apresentado deverá se amenizar ao longo do tempo, inclusive pela própria pressão das empresas, as quais são as clientes – ou as *compradoras* – dos serviços dos profissionais que tenham efetuado algum curso técnico ou universitário.

Mais do que serem bons técnicos ou executivos, o ideal é que os profissionais das empresas devam possuir, em maior ou menor intensidade, todas as competências e habilidades que as empresas esperam deles.

É necessário se lembrar que, no início da década de 1990, quando uma empresa precisava de talentos, os procurava em programas de *trainees*, os quais correspondem ao treinamento direcionado a profissionais formados há até dois ou três anos, visando à ocupação de posições técnicas e administrativas de coordenação.

Os candidatos eram escolhidos por meio de um processo seletivo rigoroso, no qual tinham de apresentar competências que facilitassem o seu desenvolvimento na empresa considerada.

Os que eram aprovados iniciavam o programa de *trainee*, com duração mínima de um ano. Eram realizados treinamentos técnicos e comportamentais e um rodízio de funções promovido pela empresa, com a finalidade de fazer com que as pessoas se tornassem multifuncionais. Assim, após conhecerem diversas áreas da empresa, os candidatos podiam desenvolver uma visão generalista dos processos administrativos e operacionais e assumir posições de destaque na empresa, geralmente uma multinacional.

Aproximadamente duas décadas depois, os programas de *trainees* deixaram de se preocupar apenas com a descoberta de talentos. A estratégia agora é criar fórmulas que retenham esses profissionais talentosos nas empresas. Esse, aliás, era um dos principais problemas enfrentados pelas empresas, pois nem todas conseguiam cumprir o que ofereciam, e isso gerava insatisfação nos jovens mais ambiciosos, provocando pedidos de demissão nas empresas que tinham realizado o investimento correspondente ao treinamento e capacitação dos profissionais escolhidos.

Talvez a principal causa da dificuldade das empresas em encontrar talentos administrativos e técnicos, sem ter que despender muito dinheiro e tempo nos programas de *trainee* – com possibilidade de perder esses profissionais em breve –, seja o inadequado nível de alguns dos cursos de graduação, condicionando os alunos a ficarem presos a uma pretensa situação de equilíbrio entre teoria e prática.

Não se está questionando a validade da teoria, mas apenas que o exagero "para uma das pontas" pode prejudicar todo o processo de capacitação e habilitação desses jovens profissionais, os quais, ao se candidatarem para os programas de *trainees*, são surpreendidos com questões dinâmicas e jogos empresariais, ou seja, atividades que não fazem parte da grade curricular da maioria dos cursos.

Para encurtar a distância entre o que as instituições de ensino oferecem e a realidade do mercado, é necessário ir além dos modelos de ensino, sendo preciso que as instituições agreguem o desenvolvimento de módulos comportamentais para o desenvolvimento da inteligência emocional e do autoconhecimento, apontando o que é subjetivo e o que é intuitivo, lembrando que a implementação de novos conceitos por si só não basta.

É necessário rever o conteúdo da grade curricular, pois o modelo expositivo--auditivo é insuficiente para o desenvolvimento de conhecimentos, habilidades e comportamentos, já que essa aquisição depende de vivência prática no assunto, mesmo que ela seja simulada.

O que se pode afirmar, com segurança, é que as instituições de ensino que se adaptarem – ou já tenham se adaptado – a essa necessidade de mercado têm uma vantagem competitiva bastante interessante, sendo mais procuradas pelos alunos inteligentes.

Este livro foi estruturado para proporcionar uma contribuição – ainda que pequena – para que o conjunto de ensinamentos a serem disponibilizados aos alunos tenha uma base sólida da teoria, mas também esteja fortemente direcionada para sustentar a prática a ser aplicada nas empresas.

Uma variação ao *trainee* corresponde ao estagiário.

Um estagiário é um estudante que entra na empresa quando ainda está na universidade, e permanece nessa posição por até dois anos. As empresas reconhecem que os estagiários não têm experiência e estão ali para aprender, por isso não esperam deles o mesmo desempenho que o de um *trainee*. Mas um estagiário pode vir a ser um *trainee*.

Os critérios de avaliação dos estagiários e dos *trainees* podem variar, mas, de forma geral, podem-se considerar os seguintes critérios (Luz: 2005, p. 24):

- maturidade: aceitação, por parte do *trainee*, de responsabilidades e de capacidades de evitar atitudes impulsivas, ou seja, ter calma mesmo trabalhando sob pressão;
- qualidade dos trabalhos desenvolvidos;
- capacidade de relacionamento com outros *trainees*, com seus tutores e com os demais funcionários da empresa;

- comunicação: habilidade para expor, persuasivamente, suas ideias;
- flexibilidade: capacidade para adaptar-se às novas situações;
- capacidade de análise dos problemas e de encontrar soluções; e
- liderança: capacidade para alcançar resultados através das pessoas.

V – Tendências da atuação dos profissionais de empresas

Com referência às tendências evolutivas da atuação dos profissionais nas empresas, podem-se considerar:

a) Os seus conhecimentos e habilidades deverão ser, cada vez mais, amplos e interligados

Os profissionais das empresas devem ter visão ampla e *pensar grande*, priorizar com inteligência, analisar as relações de causas *versus* efeitos, aprender e ensinar com o desenvolvimento dos trabalhos, bem como focar os resultados otimizados.

Embora possa parecer uma situação complexa, na realidade não o é, desde que todos os conhecimentos básicos, aprendidos ao longo dos cursos, sejam respeitados e aplicados nas empresas.

b) Todos os profissionais de sucesso das empresas serão chamados de administradores

Este autor tem observado que, em várias empresas, o termo *executivo* tem sido substituído pelo termo *administrador*, quando o profissional considerado trabalha de forma diferenciada e adequada, evidenciando liderança – principalmente pelo seu otimizado conhecimento dos assuntos empresariais sob sua responsabilidade – e apresentando resultados otimizados para as empresas.

c) A atuação dos profissionais extrapolará a realidade da empresa

Os atos administrativos das empresas apresentam, cada vez mais, amplitude de tal natureza que influencia as comunidades onde atuam, a ecologia e até os valores culturais, morais e afetivos das pessoas que interagem, de forma direta ou indireta, com essas empresas.

Essas situações criam realidades para os profissionais das empresas para as quais, na maior parte das vezes, eles não foram treinados e, algumas vezes, sequer avisados a respeito.

Nesse contexto, podem surgir decisões erradas e que prejudicam o futuro dessas empresas.

Pode-se considerar que não existem metodologias e técnicas para enfrentar essas situações, mas os profissionais das empresas geralmente são cobrados pelas ocorrências negativas e pelos resultados inadequados apresentados.

Cabe ao profissional inteligente ter uma percepção aguçada e um raciocínio ágil e inteligente para enfrentar essas situações.

Alguns exemplos que estavam ocorrendo no momento de escrever este livro são:

- participantes do Movimento dos Sem-Terra (MST), invadindo e destruindo propriedade privada de empresa multinacional de alta tecnologia, sem a devida ação rápida do governo. O que o principal executivo dessa empresa multinacional deveria fazer? Você pode debater a respeito;
- implementação de nova fábrica em região integrante de um plano governamental de reconstrução de estradas a qual não foi efetuada, impossibilitando o adequado escoamento da produção dessa nova fábrica; e
- grave acidente – com culpa ou não – em uma fábrica que utiliza componentes poluidores, os quais foram jogados em um rio – até então, com boa qualidade da água – da região e influenciando o abastecimento de água em outras regiões relativamente próximas. Para este caso, geralmente o principal executivo dessas empresas – e das outras empresas da região que também foram afetadas – tem que tomar todas as decisões essenciais em 2 ou 3 horas.

É nestes três momentos exemplificados que surgem alguns profissionais de empresas diferenciados.

Para você pensar: explicar o seu posicionamento profissional para enfrentar cada uma das situações apresentadas, inclusive debatendo com colegas de estudo e/ou trabalho.

d) A atitude das pessoas é que, cada vez mais, fará a diferença

No mercado de trabalho, os conhecimentos e habilidades das pessoas são muito valorizados, mas o que efetivamente faz a diferença é a atitude dessas pessoas.

Essa é uma situação que se tornará cada vez mais evidente na influência da *velocidade* evolutiva do plano de carreira das pessoas.

Na realidade, os conhecimentos e as habilidades são as premissas do bom profissional da empresa; e a sua atitude frente às situações e problemas que tem que enfrentar e resolver é que faz a diferença, correspondendo ao seu nível de percepção e de inteligência empresarial.

Para seu posicionamento: explicar, com exemplos e justificativas, o seu posicionamento pessoal e profissional frente às quatro tendências da atuação dos profissionais das empresas.

VI - Como estudar para aprimorar o seu plano de carreira

Talvez seja muita pretensão apresentar um roteiro básico, e essencial, para que as pessoas *tirem o melhor proveito* do período em que estiverem estudando, principalmente em um curso universitário ou técnico.

Se você achar que já sabe tudo a respeito, pode pular esta seção.

Para os que desejam, no mínimo, debater o seu processo de estudo, são apresentadas, a seguir, algumas *dicas* que podem ser de alta valia em sua evolução profissional nas empresas.

Nesse momento, não se preocupou em separar *dicas* específicas para o caso de leitores que sejam empreendedores, pois o foco básico é sempre único: *tirar o máximo* dos ensinamentos proporcionados pelos cursos diversos.

Essas *dicas* são:

a) Escolher o curso universitário ou técnico após a decisão da carreira decorrente

Embora essa situação possa se apresentar como algo difícil de as pessoas conseguirem consolidar de maneira adequada, devem-se direcionar adequada análise, bem como fortes conhecimentos e informações, para essa importante decisão na vida.

Essa dificuldade está aliada não só à falta de maturidade das pessoas nesse momento da decisão, mas também à falta de interesse.

Os adolescentes não devem pensar em um curso universitário específico, mas sim em sua carreira profissional, pois os cursos universitários e técnicos só servem para proporcionar a sustentação básica para uma carreira específica.

Aliar vocação pessoal com boas oportunidades no mercado de trabalho é a melhor forma de escolher a profissão.

O ideal é que o adolescente comece a debater o seu futuro profissional com amigos, parentes, professores, quando ainda está no curso médio.

Infelizmente, a grande maioria das escolas de ensino médio se preocupa apenas em fazer o aluno *passar* no vestibular; entretanto, em qual curso – que vai direcionar o seu futuro profissional – é problema do aluno.

Por isso, é importante cada pessoa procurar analisar, ainda que seja de forma superficial, o seu futuro profissional, incluindo a identificação do curso universitário ou técnico que pretende fazer ao longo dos próximos anos.

Na realidade, pode-se considerar que os erros que ocorrerem não serão, em sua grande maioria, muito elevados, pois, geralmente, quando os adolescentes pensam em seu plano de carreira de uma forma estruturada, eles, no mínimo, *batem na trave* quanto ao ideal de seu futuro como profissionais de empresas.

De qualquer forma, é importante os parentes e amigos que trabalham em empresas auxiliarem nesse momento, mas sem influenciar a decisão do jovem postulante a um interessante futuro como profissional de empresas.

b) Trabalhar nas empresas *juniores* das faculdades

Muitas faculdades têm empresas *juniores*, com a finalidade de auxiliar na aplicação prática dos ensinamentos adquiridos durante os cursos universitários.

Pode-se considerar que o mercado de trabalho entende o diferencial que os alunos que trabalham nestas empresas *juniores*, no período do curso universitário, podem proporcionar para as futuras empresas onde eles irão trabalhar.

Empresa júnior é uma associação civil, sem fins lucrativos, e com fins educacionais, apartidária, constituída e administrada exclusivamente por alunos de graduação de universidades nas quais ela se insere, sendo que ela realiza serviços e desenvolve projetos para empresas, entidades e para a sociedade em geral nas suas áreas de atuação, sempre sob a supervisão de professores.

Como o trabalho é voluntário, as empresas *juniores* conseguem desenvolver projetos de qualidade por um preço acessível e todo seu lucro é reinvestido no desenvolvimento dos universitários. Com isso, o jovem universitário tem os primeiros contatos com a administração de uma empresa, negociação com clientes, gerenciamento de projetos, desenvolvimento de competências com liderança, espírito empreendedor e um nível de acesso interessante a palestras e eventos de capacitação profissional.

c) Saber *tirar o máximo* dos professores

É até *chato* apresentar essa *dica*, mas eu, e todos os meus colegas professores universitários verificamos, ao longo dos anos, uma forte queda no interesse dos alunos em aprenderem metodologias e técnicas que eles pudessem aplicar, imediatamente ou em futuro próximo, em seus trabalhos em empresas.

E, pior ainda, muitos ex-alunos procuram os ex-professores para tirar dúvidas – algumas elementares – quanto às suas atividades profissionais em empresas diversas.

Já que os alunos estão em sala de aula – e os professores também –, uma atitude, no mínimo inteligente, é procurar tirar o máximo desse momento e dos professores.

d) Aprender, muito bem, as metodologias e técnicas – o "como" fazer – explicadas no curso

Essa é uma *dica* importante.

Existem estudos que mostram que o principal conhecimento que as empresas querem *comprar* é o inerente a saber estruturar e aplicar metodologias e técnicas inerentes a uma área de atuação específica da empresa considerada.

Ou seja, você deve saber "como fazer"; caso contrário, a sua validade como profissional da empresa considerada fica altamente questionável.

E o inicial e principal local de aprender o "como fazer" é em sala de aula.

Pense a respeito!

e) Aprender a interligar os diversos assuntos estudados no curso

Esse também é um assunto muito importante para a vida profissional dos leitores, pois as empresas estão descobrindo que uma das principais maneiras de tornar a administração das empresas a mais ágil e barata possível é interligando as suas diversas áreas e atividades, consolidando um bloco único e homogêneo.

O leitor tem um momento único para começar a aprender a interligar os diversos assuntos das empresas, correspondendo ao curso que estiver fazendo e interligando o conteúdo das diferentes disciplinas.

Em termos de plano de carreira, essa é uma questão muito importante para você.

f) Ter humildade, paciência e inteligência

Para você consolidar o máximo de conhecimentos em um curso é necessário que tenha, na plenitude e com equilíbrio, humildade, paciência e inteligência.

Humildade para saber aprender com os outros.

Paciência para ir *subindo os degraus* do conhecimento de forma sustentada, evolutiva, gradativa e acumulativa.

Inteligência para saber captar, alocar e aplicar todos os conhecimentos básicos em seu plano de carreira.

 Para você pensar e repensar: explicar, com exemplos e justificativas, o seu posicionamento perante cada uma das sugestões para melhor planejar os seus estudos.

1.6.2 Atuação das empresas

Do lado das empresas, essas desenvolveram e consolidaram três instrumentos administrativos que auxiliam, de forma direta ou indireta, o plano de carreira das pessoas.

São eles: estrutura de administração de carreiras, administração de competências e educação corporativa.

A seguir, são apresentados comentários gerais a respeito desses três instrumentos administrativos, sendo que o nível de detalhamento apresentado está correlacionado ao seu nível de importância para o desenvolvimento e operacionalização do plano de carreira por parte do leitor.

a) Estrutura de administração de carreiras

Assim como as pessoas devem ter os seus planos de carreira – foco deste livro –, as empresas devem ter as suas contrapartidas, representadas pela estrutura de administração de carreiras.

Embora o lado das empresas não seja foco deste livro, não se pode desconsiderar essa situação, pois as pessoas necessitam *encaixar* os seus planos de carreira na realidade de cada empresa, representada, no assunto deste livro, pela estrutura de administração de carreiras.

Naturalmente, cada indivíduo é o responsável pela evolução de sua carreira e, portanto, as empresas não devem ser visualizadas como as *bengalas* de ninguém, embora muitas pessoas, de forma errada, joguem essa responsabilidade, de foro totalmente individual, para as empresas. Esse é, no mínimo, um ato de ignorância e, no máximo, um ato de covardia.

Na prática, as empresas devem direcionar esforços, de forma resumida, para dois aspectos:

- se preocupar, única e exclusivamente, com as carreiras dos profissionais que estão interessados com suas carreiras; e
- criar condições para que os novos e os antigos funcionários queiram se preocupar com as suas carreiras.

Nesse contexto, pode-se conceituar a questão da estrutura de administração de carreiras, conforme apresentado a seguir.

> **Estrutura de administração de carreiras** é o conjunto de políticas e processos estabelecidos e divulgados pelas empresas, visando maiores atratividade e facilidade de análise por parte dos profissionais do mercado, melhor negociação entre as partes, bem como otimizados planos de carreira e administração de pessoas, conciliando as necessidades e expectativas das pessoas e das empresas.

Analisando as partes do conceito apresentado, tem-se:

i – Políticas e processos estabelecidos e divulgados

Políticas são parâmetros ou orientações para a tomada de decisão pelos profissionais das empresas, incluindo as referentes ao plano de carreira. Correspondem a limites dentro dos quais as pessoas estão, antecipadamente, autorizadas a tomar decisões, agilizando e homogeneizando o processo decisório nas empresas.

Processos correspondem aos conjuntos estruturados de atividades sequenciais que apresentam relação lógica entre si, com a finalidade de atender e, preferencialmente, suplantar as necessidades e as expectativas dos clientes externos e internos da empresa.

ii – Atratividade e facilidade de análise

Atratividade corresponde ao conjunto de aspectos intrínsecos às empresas – qualidade administrativa e de seus produtos e serviços – ou aos indivíduos – conhecimentos, habilidades e atitudes – que as tornam foco das necessidades e expectativas de seus clientes (compradores de seus produtos ou serviços).

Facilidade de análise corresponde à existência de um processo planejado, estruturado e lógico, com indicadores de desempenho previamente estabelecidos e avaliados sistematicamente.

iii – Negociação entre as partes

Negociação é a capacidade de concluir, oportunamente, situações desejadas e necessárias aos resultados da empresa, de forma interativa, com a consequente otimização das relações interpessoais.

iv – Planos de carreira e administração de pessoas

Plano de carreira – assunto foco deste livro – foi conceituado como a explicitação formal de um conjunto planejado, estruturado, sustentado e sequencial de estágios que consolidam a realidade evolutiva de cada indivíduo, de forma interativa com as necessidades das empresas e das comunidades onde elas atuam.

Administração de pessoas é a metodologia administrativa que proporciona sustentação às otimizadas coordenação, supervisão, orientação e desenvolvimento dos profissionais que trabalham nas empresas.

v – Necessidades e expectativas das pessoas e das empresas

Neste caso, o foco são as pessoas, as quais correspondem ao *centro nervoso* de todas as questões administrativas e técnicas das empresas.

É por essa razão que este livro está direcionado para os indivíduos, em sua necessidade de ter um otimizado plano de carreira.

b) Administração de competências

> **Administração de competências** é o processo estruturado e sistemático de desenvolver e operacionalizar ações para as maiores atratividade, desenvolvimento, atuação e retenção dos profissionais pela empresa.

Analisando as partes principais do conceito apresentado, tem-se:

i – Processo estruturado e sistemático

É muito importante que as competências – conhecimentos alocados nas pessoas e nas atividades das empresas – sejam administradas como um processo, ou seja, em uma sequência lógica, que deve evoluir de forma sistemática ao longo do tempo.

Inclusive, porque cada pessoa deve aprender – e muito – com as outras pessoas da empresa.

Essas competências devem ser incorporadas e disseminadas nas empresas; caso contrário, esses conhecimentos podem se perder se as pessoas que os detêm decidirem sair da empresa.

ii – Atratividade, desenvolvimento, atuação e retenção dos profissionais

Isso porque, moderadamente, as empresas procuram reter, ao máximo, os profissionais que possuem os conhecimentos básicos para a efetivação de seus principais produtos, serviços e negócios.

Da parte das pessoas, quando esse trabalho é bem feito, inclusive com forte abordagem motivacional, elas também ficam com interesse de contribuir para o desenvolvimento dessas empresas e, consequentemente, de seus planos de carreira; ou seja, é uma *via de duas mãos*.

A administração das competências, que é um assunto amplamente analisado neste livro, pode e deve se concentrar nas competências essenciais de cada indivíduo, as quais proporcionam a verdadeira alavancagem de seus planos de carreira.

As competências essenciais têm quatro fatores de influência, representados pelos valores pessoais (ver seção 3.2) e pelos conhecimentos, habilidades e atitudes das pessoas (ver seção 2.2).

Essa situação pode ser visualizada na Figura 1.1:

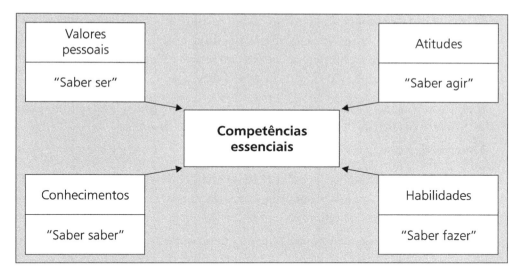

Figura 1.1 Fatores de influência das competências essenciais.

As competências essenciais proporcionam toda a sustentação para que as empresas trabalhem no importante contexto da administração por competências.

Administração por competências é o processo estruturado de operacionalizar as competências essenciais e auxiliares nas atividades básicas da empresa.

As competências essenciais das empresas se tornam tão mais sustentadas, diferenciadas e inovadoras, quanto mais fortes e atuantes forem os quatro fatores de influência apresentados na Figura 1.1.

De acordo com Rumelt (1994, p. 15), as características principais das competências essenciais são:

- abrangência corporativa: competências essenciais fornecem a sustentação a vários produtos, serviços ou negócios dentro de uma empresa. Não são propriedade de uma área ou indivíduo isoladamente;
- estabilidade no tempo: produtos e serviços são a expressão momentânea das competências essenciais de uma empresa. Competências são mais estáveis e evoluem mais lentamente do que os produtos e serviços;
- aprendizagem ao fazer: competências são ganhas e aperfeiçoadas por meio do trabalho operacional e do esforço administrativo no dia a dia. Quanto mais se investe e desenvolve uma competência, maior sua distinção em relação às empresas concorrentes; e

- local da competição: a competição de produto *versus* mercado é meramente a expressão superficial de uma competição mais profunda em termos de competências. A competição atual se dá em torno de competências e não de produtos ou serviços.

A prática empresarial tem consolidado orientações e ações efetivas que facilitam o desenvolvimento e a retenção de talentos nas empresas.

Algumas dessas ações são:

- adotar um processo confiável de avaliação de desempenho, que seja reconhecido pelos profissionais das empresas, para identificar, prestigiar e premiar os talentos;
- dar autonomia e flexibilidade aos talentos identificados, para que eles possam elaborar estratégias e executar projetos (ver seção 6.2);
- oferecer oportunidades de treinamento, intercâmbio e aprendizado condizentes com os negócios, produtos e serviços da empresa;
- deixar claro que todo profissional tem corresponsabilidade com relação ao seu talento, ou seja, ele também é responsável pelo seu desenvolvimento pessoal e profissional;
- transformar os líderes em facilitadores de recursos diversos para os trabalhos em equipes, principalmente as multidisciplinares;
- trabalhar pela criação de um bom clima organizacional e pela qualidade de vida, para proporcionar a satisfação no trabalho; e
- adotar a transparência na comunicação e nas relações entre líderes e liderados, bem como entre todos os membros das equipes de trabalho atuantes na empresa considerada.

Essa questão de saber identificar, desenvolver e interagir com talentos é de elevada importância para o aprimoramento sustentado das empresas.

As empresas que sabem trabalhar com pessoas talentosas têm uma interessante vantagem competitiva.

Como consequência, pode-se afirmar que as empresas têm dois grandes ativos intangíveis:

- um corresponde à estrutura externa, sendo representada pelas marcas – da empresa, dos produtos e dos serviços – e pelas relações com os clientes e os fornecedores; e

- outro corresponde à estrutura interna, sendo representada pelo conhecimento e as competências individuais.

c) Educação corporativa

> **Educação corporativa** é o processo estruturado e sustentado para consolidar maiores aprendizado, conhecimento e capacitação profissional, considerando as pessoas das empresas como seres humanos profissionais e sociais.

Analisando as partes principais do conceito apresentado, tem-se:

i – Processo estruturado e sustentado

Essa é uma questão que sempre aparece quando se menciona todo e qualquer assunto ou atividade das empresas.

Portanto, do outro lado, quando se consideram as pessoas com seus planos de carreira, também é obrigatório que esses estejam estruturados e sustentados.

ii – Maiores aprendizado, conhecimento e capacitação profissional

Essas questões dos níveis de aprendizado, conhecimento e capacitação são da maior importância para as empresas, bem como para as pessoas, em seus planos de carreira.

Os debates inerentes ao conhecimento e à capacitação profissional têm sido amplamente abordados neste livro.

Nesse momento, vale a pena apresentar alguns aspectos quanto ao aprendizado das pessoas.

> **Aprendizado** é a incorporação do que foi ensinado ao comportamento do indivíduo.

O aprendizado é sustentado pela instrução, que corresponde ao ensino organizado de determinada tarefa ou atividade.

O nível de aprendizado que os profissionais das empresas têm e aprimoram é o fator básico para o desenvolvimento de conhecimentos sustentados e diferenciados.

Quando uma empresa incorpora a cultura do aprendizado, ela se capacita para aprender, adaptar, mudar e inovar frente às influências dos fatores ou variáveis externas ou não controláveis, principalmente quanto ao mercado de trabalho e à atuação de seus concorrentes.

O aprendizado é o principal fator de influência na dinâmica e na qualidade das vantagens competitivas das empresas.

Finalmente, deve-se lembrar que a administração do conhecimento também pode ser denominada de administração de (por) competências – que este autor considera de menor amplitude do que o conhecimento –, ou de administração do capital intelectual, que pode representar algo difícil de mensurar como "capital" da empresa.

Existem algumas formas de ensino que auxiliam o processo de aprendizado, as quais têm evoluído bastante, como o e-*learning*, sustentado pelo ensino a distância.

Esse processo tem sido utilizado, principalmente, em programas de educação corporativa das empresas e, embora sofra várias críticas, inclusive de caráter prático quanto aos resultados apresentados, deve-se lembrar que suas vantagens podem ser:

- incentivar o autoaprendizado e, consequentemente, o autoconhecimento;
- permitir interação e troca de conhecimentos entre colegas de trabalho afastados geograficamente, incentivando o aprendizado colaborativo e interativo;
- permitir acesso aos instrutores numa dimensão maior do que o ensino baseado na presença física;
- oferecer um curso com a mesma qualidade de ensino a todos os profissionais envolvidos, independentemente de seu local de trabalho;
- diminuir o tempo do período de afastamento do profissional do local de trabalho;
- transpor barreiras criadas pelo local de trabalho habitual;
- permitir que cada profissional faça planejamento próprio, em função de seu ritmo e de sua dinâmica do trabalho;
- ser um importante instrumento do processo de difusão e atualização rápida do conhecimento e democratização da informação;
- apresentar significativa redução dos custos com deslocamentos dos profissionais envolvidos no processo de capacitação; e
- estimular o uso de modernas tecnologias de informação, comunicação e trabalhos em equipes.

iii – Considerar as pessoas das empresas como seres humanos profissionais e sociais

As empresas devem visualizar as pessoas, que já trabalham nela ou então em processo de contratação, como profissionais – executam atividades e apresentam resultados – e seres sociais – interagem, aprendem e trabalham com outras pessoas.

Simplesmente para facilitar a análise, pode-se chamar o conjunto das três abordagens da atuação das empresas nas carreiras – estrutura da administração de carreiras, administração de competências e educação corporativa – de administração do conhecimento por parte das empresas.

A influência da administração do conhecimento é extremamente elevada, pois consolida a importância das pessoas, sendo que essas é que detêm o conhecimento administrativo, e as empresas representam os locais onde os conhecimentos podem ser aplicados, com maior ou menor sucesso.

A administração do conhecimento interfere em todos os assuntos administrativos e técnicos apresentados ao longo deste livro.

A administração do conhecimento se reforça nas empresas que têm a cultura de criar valor – para a própria empresa e para os seus clientes – e, portanto, se preparam, de forma otimizada, para o futuro. Nesse contexto, essas empresas têm excelentes planejamentos estratégicos e sabem estabelecer a sua situação futura desejada, tal como as pessoas que sabem elaborar o seu plano de carreira com forte abordagem estratégica, que é o foco deste livro.

As empresas que não sabem trabalhar, adequadamente, nessas situações apresentam dois problemas principais:

- têm dificuldade de contratar talentos para preencher as suas lacunas técnicas; e
- têm perdido seus melhores profissionais, inclusive para outros países carentes de talentos locais, como decorrência do mundo globalizado.

No estudo da administração corporativa, deve-se considerar a questão da universidade corporativa.

> **Universidade corporativa** é a unidade catalisadora e disseminadora de assuntos de conhecimentos, habilidades e atitudes, decorrentes das estratégias de uma empresa ou grupo de empresas.

A universidade corporativa se consolidou no Brasil, ainda que de forma incipiente, em meados da década de 1990, e provocou um repensar quanto à validade dos antigos "centros de treinamento" das empresas.

Com referência ao foco deste livro, é importante evidenciar que as universidades corporativas incentivam e facilitam a autoadministração dos planos individuais de carreira, de acordo com as estratégias globais da empresa.

A pioneira na criação da universidade corporativa foi a General Electric (GE), sendo que sua ideia se espalhou por todo o mundo desenvolvido e, em parte, do mundo em desenvolvimento, como é o caso do Brasil.

As empresas de classe mundial criaram suas universidades corporativas visando formar e reter talentos a partir da cultura que permeava a realidade dessas empresas.

Atualmente, *o estado-da-arte* da universidade e da educação corporativas no Brasil indica:

- parceria entre empresas e as melhores instituições de ensino superior, gerando ganhos para as duas partes; e
- menor tempo na formulação e adaptação de conteúdos programáticos à realidade de cada empresa, gerando maior nível de comprometimento dos professores dos programas e dos profissionais das empresas.

Algumas vezes, podemos estar considerando o conhecimento de um assunto qualquer como algo complicado e de difícil aplicação.

Isso, seguramente, não é verdade, pois qualquer assunto empresarial se mostra como algo tão mais simples quanto maior for o nível de conhecimento geral e específico das pessoas envolvidas nos assuntos administrativos e técnicos das empresas.

Na verdade, o conhecimento se torna mais forte e sustentado se estiver baseado em:

- compartilhamento, ou seja, uma pessoa aprende – e ensina – com as outras, principalmente em equipes multidisciplinares de trabalho;
- conceitos, metodologias e técnicas, ou seja, possibilita que as pessoas tenham conhecimento de "como" realizar as suas tarefas; e
- contexto sistêmico e contingencial, em que a realidade das empresas interage com as realidades e tendências do mercado – principalmente o de trabalho –, criando algo pensante, criativo e inteligente.

Pode-se considerar que o resultado do processo de evolução do conhecimento é o surgimento de "talentos" nas empresas, os quais ganham, cada vez mais, espaço nas empresas inteligentes.

Existem vários outros aspectos que os indivíduos devem analisar quanto à realidade das empresas onde pretendem trabalhar.

Alguns desses aspectos mais importantes estão explicados ao longo de toda a seção 1.6.2, sendo que, no momento, é válido considerar dois aspectos básicos que proporcionam influência na aplicação do plano de carreira por parte das pessoas.

Neste contexto, um aspecto a que as pessoas que têm planos de carreira devem estar atentas é se as empresas onde trabalham – ou pretendem trabalhar – possuem ou não um planejamento necessário para os seus cargos existentes, bem como um planejamento de ocupação de seus futuros cargos.

A existência desses planejamentos por parte das empresas explicita uma preocupação com a evolução profissional das pessoas, embora a verdadeira finalidade deles seja a garantia de ocupação imediata de cargos vagos, sem causar maiores problemas e despesas para a empresa.

De qualquer modo, esses planejamentos necessários incentivam os *descrentes* a prepararem seus planos de carreira, pois as empresas focam, na maior parte das vezes, os seguintes aspectos quanto às pessoas que estão sendo avaliadas para o cargo considerado:

- indicação dos potenciais candidatos, geralmente entre 1 e 3 (ideal);
- indicador da possibilidade de sucesso de cada profissional indicado (situação segura, aparentemente segura, analisar com mais detalhes);
- desempenho atual (excepcional, muito bom, bom, regular);
- potencial do candidato (pode assumir imediatamente, dentro de 2 anos, dentro de 4 anos); e
- treinamentos e capacitações necessárias (de alta complexidade, média complexidade, baixa complexidade).

Outro aspecto a ser considerado refere-se às abordagens do plano de carreira para diferentes tipos de empresas.

O conteúdo básico do plano de carreira pode ser único, mas ele tem que considerar diferentes tipos de empresas e situações da realidade profissional e pessoal do leitor, tais como:

- ser herdeiro de uma empresa familiar;

- ser sócio-executivo de uma empresa familiar;
- ser funcionário de uma empresa familiar;
- ser funcionário de uma empresa multinacional;
- ser funcionário de uma empresa governamental; e
- qualquer outra situação que proporcione características específicas para a elaboração do plano de carreira.

Você deve considerar a inserção desses vários aspectos abordados quanto à administração das competências ou conhecimentos em seu plano de carreira, pois é uma forma simples e lógica de se aproximar do que as empresas estão querendo *comprar* de seus profissionais.

Essa observação, logicamente, vale para todos os aspectos abordados neste livro, e que estejam do outro lado, ou seja, das empresas.

Uma maneira esquemática de apresentar alguns dos aspectos abordados nesta seção, de forma interativa com a metodologia de elaboração e aplicação do plano de carreira apresentada na seção 2.1, é interligando os objetivos (ver seção 6.1) e as estratégias (ver seção 6.2) de cada pessoa à sua vida profissional.

Essa situação é apresentada na Figura 1.2:

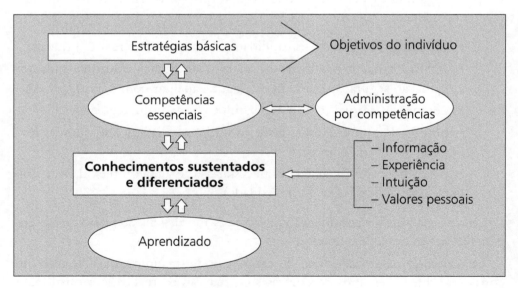

Figura 1.2 Abordagem geral da administração do conhecimento.

Para debate inicial: analisar e debater o seu plano básico inicial para melhor interagir o seu plano de carreira com as empresas.

E revisar esse plano ao terminar a análise deste livro.

1.6.2.1 Tipos de remuneração nas empresas

Com a consolidação do plano de carreira, em que você começa ou já está trabalhando em uma empresa, pode-se visualizar alguns tipos de remuneração.

Embora não seja parte integrante do conteúdo deste livro, pode-se informar que, além do método tradicional de remuneração, as empresas têm apresentado três outros tipos: estratégica, por habilidades e por competências.

Remuneração estratégica é a que consolida elevada aderência e convergência dos cargos, e correspondentes salários, com as estratégias da empresa.

Nesse contexto, os salários dos profissionais das empresas têm forte interação com três aspectos básicos das empresas: as estratégias, a estrutura organizacional – que são decorrentes das estratégias – e o estilo administrativo da empresa, que influencia, diretamente, as estratégias e a estrutura organizacional.

Outro aspecto é que os profissionais das empresas são remunerados de acordo com a sua influência, direta ou indireta, para com o resultado – tem que ser positivo – do negócio ou empresa.

Normalmente, esse nível de influência é decorrente da análise das características pessoais do profissional considerado, bem como do seu comprometimento para com o delineamento e a operacionalização das estratégias, incluindo os resultados proporcionados pelas mesmas.

Remuneração por habilidades é a que procura correlacionar a remuneração ao desenvolvimento dos profissionais na empresa.

Ou seja, a remuneração deixa de ser correlacionada ao cargo, de acordo com o método de remuneração tradicional.

Na realidade, a remuneração por habilidades se direciona aos seguintes objetivos:

- remunerar os profissionais de acordo com as suas reais habilidades, consideradas, neste caso, como o conjunto dos conhecimentos, aptidões pessoais e aplicação prática dos conhecimentos;

- correlacionar as habilidades dos profissionais às efetivas necessidades das empresas, a níveis estratégico, tático e operacional;
- incentivar e facilitar o processo de aprendizado contínuo;
- valorizar o indivíduo e o seu trabalho em equipes multidisciplinares; e
- otimizar a relação entre os gastos com pessoas e os resultados apresentados pelas empresas.

Remuneração por competências é a basicamente aplicada na alta administração, tendo a capacidade de inovação como o principal fator crítico de sucesso da empresa.

Na prática, a remuneração por competências pode ser considerada uma evolução e uma ampliação da remuneração por habilidades e, essa, como um detalhamento da remuneração estratégica.

Outro aspecto que você deve ter conhecimento, nesse momento de estar desenvolvendo o seu plano de carreira, é a questão dos *assessment centers*, ou centros de avaliação de profissionais, os quais são administrados por profissionais de elevada competência no processo de recrutamento, seleção, recolocação interna de pessoal – *placement* –, avaliação de desempenho, análise de mudanças planejadas nas empresas, desenvolvimento de conhecimentos e competências administrativas, promoções, transferências e trocas de profissionais nas empresas.

A base de sustentação desses trabalhos é o pleno conhecimento das pessoas envolvidas, a partir da avaliação do seu potencial, considerando os atributos, habilidades e competências individuais, quanto à sua compatibilidade e alinhamento junto às necessidades e expectativas da empresa.

Para seu posicionamento: explicar, com justificativas e exemplos, o seu posicionamento quanto aos três tipos de remuneração nas empresas.

1.6.2.2 Estrutura lógica das carreiras nas empresas

Outro aspecto que algumas empresas consolidam, e representa um fator de influência nos planos de carreira das pessoas, é a questão da estrutura lógica das carreiras.

> **Estrutura lógica das carreiras** é a sequência coerente de cargos ou funções que as empresas disponibilizam para a evolução profissional das pessoas.

A estrutura lógica das carreiras – quando efetivamente existir – sofre influências, diretas ou indiretas, das estratégias da empresa, dos seus valores e suas políticas, da realidade do mercado de trabalho, da realidade mercadológica e operacional da empresa e do modelo de administração da empresa.

Para análise, podem ser consideradas três estruturas lógicas de carreiras que influenciam a realidade atual e futura dos planos de carreira dos profissionais das empresas.

São elas:

a) Estrutura da carreira em linha ascendente

Nesse caso, os cargos ou funções são apresentados em uma sequência lógica ascendente, com uma única direção, não aceitando alterações no processo.

Na prática, essa situação é principalmente decorrente das estruturações funcionais, em que os cargos são agrupados por especialidades, e parte do princípio de que o quão mais especialistas as pessoas são, mais fácil e rápida deve ser a sua evolução profissional na empresa.

Algumas das áreas que mais têm utilizado a estrutura em linha ascendente são as ligadas às atividades-meios das empresas, tais como organização e métodos, recursos humanos, informática, finanças, contabilidade.

Na Figura 1.3, é apresentada a situação de um profissional que tem como objetivo se consolidar na função de conhecedor da atividade de "organização e métodos" em uma empresa.

Não se está afirmando que todos os profissionais que trabalham na área de organização e métodos da empresa evidenciada na Figura 1.3 tenham que passar pelas sete etapas da linha ascendente apresentada; mas que a empresa disponibiliza para todos os profissionais, alocados na área de organização e métodos, a referida estrutura lógica para a evolução profissional deles.

Na prática, pode-se considerar que, desde que a empresa tenha um sistema justo, estruturado, lógico e disseminado dos seus critérios e parâmetros de avaliação de desempenho, a estrutura em linha ascendente possibilita que a empresa facilite a evolução profissional dos seus melhores profissionais.

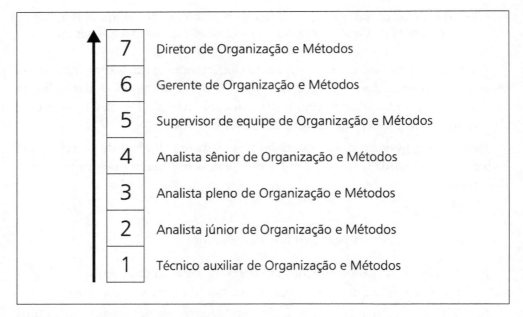

Figura 1.3 Estrutura de carreira em linha ascendente.

Como informação geral, e servindo para qualquer tipo de estrutura de carreira, é válido comentar que, em relação à evolução da carreira do profissional, algumas empresas, principalmente as grandes, utilizam os critérios *up or out* e *performance or out*.

No caso do critério *up or out*, o profissional deve evoluir na carreira funcional dentro de um período de tempo, por exemplo, passando de analista júnior para analista pleno no período máximo de quatro anos, caso contrário é despedido.

No caso do critério *performance or out*, o profissional deve apresentar resultados efetivos na empresa onde trabalha, caso contrário será despedido.

Os dois critérios podem ser combinados para melhor avaliação de desempenho e de potencial dos profissionais da empresa.

b) Estrutura em rede de evolução na carreira

Neste caso, os cargos ou funções são apresentados em forma de rede, possibilitando, conforme a vocação e a capacitação de cada profissional, que ele siga algum caminho que esteja mais correlacionado às suas expectativas e às oportunidades apresentadas.

Na prática, a flexibilidade apresentada pela estrutura em rede pode ser apenas aparente, pois as dúvidas são muito fortes na *abertura* dos caminhos, para que os profissionais evoluam em suas carreiras.

Essas dúvidas, provenientes das empresas, também ocorrem nos indivíduos, quanto mais amplo for o *leque* de opções para a sua possível evolução profissional. Inclusive, porque, na prática, os indivíduos ficam "rotulados" para um caminho específico.

Para amenizar essas dúvidas das empresas e das pessoas é necessária a existência de programas simuladores da evolução da carreira de cada pessoa, considerando as alternativas proporcionadas por cada caminho possível.

E, também, que os critérios e parâmetros de avaliação sejam bem assimilados por todos os envolvidos, o que pode ser algo relativamente fácil, bem como que a empresa tenha pleno conhecimento das carreiras que vão passar por processo evolutivo mais forte nos próximos anos, o que pode ser algo relativamente difícil.

Procurando correlacionar com o exemplo da estrutura em linha ascendente – ver Figura 1.3 –, na Figura 1.4 é apresentado um exemplo da estrutura em rede de evolução na carreira.

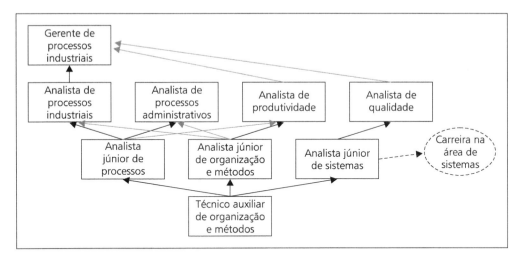

Figura 1.4 Estrutura de evolução em rede.

Na Figura 1.4, é apresentado apenas um exemplo resumido da estrutura em rede, para entendimento do leitor; caso contrário, uma rede completa mostraria algo extremamente *poluído*, com interligações múltiplas.

É aqui que a estrutura em rede é criticada, pois, ao disponibilizar-se um amplo *leque de opções* para cada profissional, na prática, o que se está fazendo é gerar *confusões na cabeça* dos profissionais, tendo em vista que a evolução na rede depende, diretamente, da evolução de determinadas atividades da empresa, o que não é algo controlável e previsível pelas pessoas.

c) Estrutura paralela de evolução na carreira

Nesse caso, as empresas estão propiciando o desenvolvimento profissional das pessoas, de acordo com as suas expectativas básicas, quer seja no contexto técnico, quer seja no contexto administrativo.

Ou seja, a estrutura paralela evita que os profissionais da empresa sejam *obrigados* a ocupar cargos executivos para subir na carreira, independentemente de eles apresentarem expectativa, vocação e capacitação para tal.

Portanto, a estrutura paralela permite às empresas direcionar o desenvolvimento de seus profissionais, de acordo com as vocações e expectativas individuais.

Na Figura 1.5, é apresentada uma situação de estrutura paralela de evolução na carreira.

Diretor de Organização e Métodos	7	7	Pesquisador Sênior Coordenador
Gerente de Organização e Métodos	6	6	Pesquisador Sênior Supervisor
Supervisor de equipe de Organização e Métodos	5	5	Pesquisador Sênior
Analista Sênior de Organização e Métodos	4	4	Pesquisador Sênior de Apoio
Analista Pleno de Organização e Métodos	3	3	Pesquisador Pleno de Apoio
Analista Júnior do Organização e Métodos	2	2	Pesquisador Júnior de Apoio
Técnico auxiliar de Organização e Métodos	1	1	Pesquisador auxiliar

Figura 1.5 Estrutura paralela.

No lado esquerdo da Figura 1.5 estão os cargos cujos ocupantes procuram a evolução profissional como executivos da empresa; e, do lado direito, estão os profissionais que querem continuar, durante toda a sua carreira, como pesquisadores ou analistas ou consultores internos.

Naturalmente, existe uma equidade entre as duas carreiras, pois todos contribuem para a evolução da empresa no mercado.

d) Estrutura em Y de evolução na carreira

Esta pode ser considerada uma variante da estrutura paralela, em que a base inicial é única e, depois, os profissionais se diversificam em suas carreiras, podendo ir para a carreira executiva ou para a carreira de pesquisador, cientista ou consultor interno.

Respeitando as devidas características, é como se você cursasse, em uma faculdade, o período básico com as disciplinas comuns aos diversos cursos e, depois, se concentrasse nas disciplinas específicas de determinado curso. Ou seja, aqui parte-se do princípio de que a base de conhecimentos e de experiências tem que ser única, independentemente do futuro profissional de cada pessoa.

Naturalmente, para não ocorrer desequilíbrio entre as duas partes do Y – a administrativa e a técnica –, deve existir equilíbrio entre as remunerações correlacionadas ao mesmo nível da estrutura em Y.

Na maior parte das vezes, as empresas propiciam elevada flexibilidade profissional para as pessoas, possibilitando a mudança da sua trajetória de carreira – administrativa ou técnica – em qualquer momento, com plena segurança em sua trajetória profissional.

A Figura 1.6 apresenta o exemplo de uma estrutura em Y de evolução na carreira.

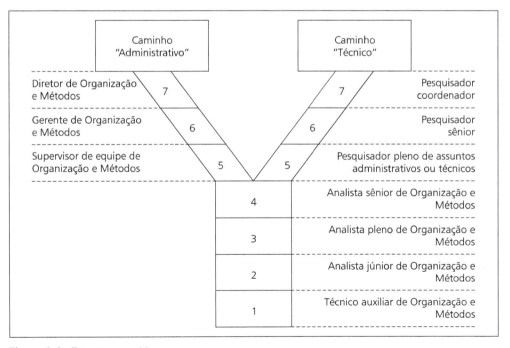

Figura 1.6 Estrutura em Y.

Verifica-se que a estrutura em Y corresponde a um detalhamento da estrutura paralela de evolução de carreira.

Naturalmente, as quatro estruturas de evolução de carreira apresentadas podem ser consolidadas de forma conjunta e interativa nas empresas, procurando usufruir das vantagens de cada uma.

Essa situação se torna fácil e de otimizada aplicação pelas empresas, desde que ocorra, antecipadamente, elevado nível de debate entre todos os envolvidos.

Na prática, qualquer estrutura é válida, desde que entendida, assimilada e aceita por todos os profissionais atuantes no processo, quer sejam os decisores, quer sejam os receptores da estrutura lógica de evolução na carreira na empresa considerada.

Para seu posicionamento: explicar, com detalhes, o seu posicionamento para cada uma das quatro estruturas lógicas das carreiras nas empresas.

1.6.3 Interligações entre o plano de carreira dos indivíduos e a estrutura de administração das carreiras das empresas

Essa é uma questão, a princípio, complexa, para a qual você deve proporcionar a maior importância possível, adquirindo adequado nível de conhecimento a respeito.

Isso porque você pode imaginar uma situação em que, ao ser entrevistado por uma empresa, pode dar o grande *lance* de mostrar como o seu plano de carreira – elaborado com elevada qualidade – pode se encaixar, de forma natural, na estrutura de carreira formalizada pela empresa, qualquer que seja ela (linha ascendente, rede de evolução, paralela ou Y) (ver seção 1.6.2.2).

Imagine a vantagem competitiva que você estará apresentando, nesse momento, perante os outros candidatos ao mesmo cargo ou função na referida empresa.

Talvez a melhor maneira de explicitar essas interações seja pela aplicação resumida da metodologia de elaboração e aplicação do plano de carreira – apresentada na seção 2.1 –, juntamente com as maneiras das empresas de estruturarem as carreiras, apresentadas na seção 1.6.2.2.

A ideia do autor é apresentar alguns comentários a respeito dessas interligações, facilitando ao leitor a sua posterior aplicação prática, de acordo com as suas necessidades profissionais e específicas frente à empresa onde ele será entrevistado.

Todos os leitores já devem ter conhecimento da importância de os candidatos a emprego obterem o maior número de informações a respeito da empresa onde está passando por um processo seletivo, tendo em vista, principalmente, se *enquadrar* na realidade administrativa da empresa considerada.

Imagine, agora, o grande *lance* que seria você apresentar o seu plano de carreira e conseguir interligá-lo com a estrutura da administração de carreiras que a referida empresa utilizar.

Embora a metodologia para a elaboração e aplicação do plano de carreira ainda não tenha sido apresentada neste livro (ver Capítulo 2, e, com detalhes, os Capítulos 3 a 8), considero este o momento ideal para que você conheça um exemplo prático que lhe consolide a importância do plano de carreira para a sua vida profissional.

Neste exemplo, pode-se considerar que a empresa utiliza a estrutura de administração de carreiras em Y – que pode ser considerada a mais elaborada e complexa na sua aplicação –, e que você venha a utilizar, na plenitude, a metodologia de elaboração e aplicação do plano de carreira apresentada neste livro.

A interligação pode ser efetuada pelos requisitos do cargo, pelo lado da empresa; e pelos conteúdos do plano de carreira, pelo lado do leitor.

Vamos supor que os requisitos do cargo, alocado na vertente tecnológica da estrutura de carreiras em Y, resumidamente fossem:

- conhecimentos teóricos e específicos a respeito de um assunto da empresa (correlacionar com a sua análise da capacitação profissional – ver seção 4.2);
- vontade de aprender e de evoluir profissionalmente com conhecimentos gerais e específicos (correlacionar com a sua visão, valores pessoais, vocação, bem como missão e focos de atuação, correspondentes às seções 3.1, 3.2, 4.1 e 4.3);
- saber trabalhar em equipe, principalmente as multidisciplinares (correlacionar com a sua vocação e capacitação, correspondente às seções 4.1 e 4.2);
- apresentar liderança para trabalhar em diferentes situações (correlacionar com sua vantagem competitiva – ver seção 5.2);
- trabalhar focado nos objetivos e metas da empresa (correlacionar com o apresentado na seção 6.1);

- apresentar criatividade e força de ação para a consolidação dos resultados esperados (correlacionar com as estratégias e projetos – ver seção 6.2); e
- incorporar a ética da empresa e saber exercitá-la na plenitude (correlacionar com os seus valores pessoais, as suas políticas e, principalmente, com o seu código de ética – ver seções 3.2, 7.1 e 7.2).

Nesse exemplo hipotético e resumido apresentado, procurou-se demonstrar alguns aspectos:

- primeiramente, que o assunto e o contexto apresentado pela empresa pode ou não estar alocado em seu plano de carreira, sendo que esse não é um problema maior, pois você terá toda a condição de fazer correlação do assunto apresentado com o que você escrever no seu plano de carreira, desde que esse esteja em nível de detalhamento adequado;
- em segundo lugar, procurou-se mostrar que a ordem de debate dos assuntos pode não estar respeitando a sua ordem de elaboração do plano de carreira, o que também não é problema, pois o que interessa ao entrevistador é o seu efetivo posicionamento quanto ao assunto colocado para debate; e
- em terceiro lugar, o exemplo apresentado procura mostrar que será muito difícil o entrevistador abordar todos os assuntos que você colocou em seu plano de carreira. E isso é interessante para você, pois terá a oportunidade, a partir desse momento, de apresentar o complemento e o contexto geral de seu plano de carreira como profissional de empresas.

Considerando esses requisitos do cargo, e debatendo com o entrevistador os negócios da empresa, bem como as expectativas futuras da empresa, você deve fazer os comentários a respeito de cada uma das seis fases e 17 etapas do seu plano de carreira.

Vai ser verificado, ao longo da leitura deste livro, que a fase 4 da metodologia de elaboração do plano de carreira (ver Capítulo 6), correspondente ao estabelecimento dos resultados que você quer alcançar – objetivos e metas –, bem como das ações necessárias para alcançar esses resultados esperados – estratégias e projetos –, refere-se ao momento em que você deve despender mais tempo e explicar com mais detalhes.

Isso porque esse momento corresponde à possível explicitação de que você, no desenvolvimento de sua carreira, estará caminhando junto, recebendo ajuda, bem como ajudando a empresa em sua evolução como negócio.

Essa questão de você "estar junto" com a evolução da empresa é de suma importância em um processo de recrutamento e seleção nas empresas.

Isso porque as empresas não querem mais ficar perdendo tempo em tentar convencer os seus profissionais a estarem contribuindo, a *estarem junto* com a empresa.

1.6.3.1 Tendências da interligação entre carreiras para as pessoas e as empresas

Sem a preocupação de estabelecer um cronograma dos eventos ou uma estrutura de prioridades, podem-se considerar, pelo menos, cinco tendências quanto às interligações entre os planos de carreira das pessoas e as estruturações utilizadas pelas empresas.

São elas:

a) Administração compartilhada entre o plano de carreira das pessoas e a estrutura de carreira das empresas

A principal razão dessa interação é a necessidade de se conseguir o comprometimento das pessoas com a evolução administrativa e dos negócios das empresas.

Essa interação chega na situação ideal quando cada uma das partes – empresas e pessoas – procura aprender com a outra parte, procurando aprimorar os seus planos e estruturações de carreira.

b) Desvinculação, cada vez de forma mais intensa e ampla, do plano de carreira das pessoas da realidade da estruturação organizacional das empresas

Essa tendência tem se fortalecido pelo natural *enxugamento* das estruturas organizacionais das empresas, criando condições para que as pessoas possam evoluir em suas carreiras profissionais de forma mais livre, de acordo com os resultados efetivos que cada profissional apresenta para os negócios e resultados globais e parciais das empresas.

Em outras palavras, pode-se afirmar que a época dos "personogramas" está com os dias contados, sendo que a importância está nos organogramas representativos das estruturas organizacionais voltadas para os resultados efetivos das empresas. Para detalhes analisar o livro *Gestão para resultados*, dos mesmos autor e editora.

c) Transparência e estímulo para o pleno conhecimento dos parâmetros e critérios para a ascensão das pessoas, criando uma abordagem de *cumplicidade* entre as partes

As empresas são constituídas por pessoas e, portanto, os seus modelos administrativos devem levar em consideração a realidade dessas pessoas.

Naturalmente, não se pode ir ao extremo de um modelo de gestão com abordagem puramente pessoal, mas o ideal é se conseguir um equilíbrio interessante em que as realidades pessoais estejam assimiladas, com maior ou menor intensidade, no estilo administrativo dessas empresas.

d) Aplicação, pelas empresas, de estruturas de carreira que busquem e consolidem a plena efetivação dos planos de carreira dos profissionais competentes e motivados

Nesse contexto, as empresas podem disponibilizar para os seus profissionais diversas estruturas de carreira, conforme apresentado na seção 1.6.2.2.

Entretanto, essa não é uma situação estabilizada, pois a evolução natural da interação profissional entre as pessoas e as empresas vai provocar o surgimento de modelos de administração de carreiras, de administração de competências e de educação corporativa.

Acredita-se que o principal fator de influência, por parte das pessoas, para incrementar essa tendência apresentada seja a questão da empregabilidade (ver item "b" da seção 8.4).

e) Interação entre a realidade evolutiva de cada indivíduo e as necessidades das empresas e comunidades onde elas atuam

Se você pensar nas diversas regiões do Brasil, pode identificar diferentes realidades quanto à administração das carreiras por parte das empresas – algumas nem sabem o que é isso –, bem como aos planos de carreira elaborados – ou não elaborados – pelas pessoas.

Nas regiões onde essas duas questões já estão evoluídas, vai sobressair o aluno ou profissional que preparar o melhor plano de carreira, ainda que esse possa ser bastante rudimentar.

E, nas regiões onde essas duas questões evidenciadas nesse item ainda não existem, fica valendo o ditado: "Quem tem um plano é rei."

A conclusão é simples: o ideal é que o profissional esteja sempre na frente quando o assunto é carreira profissional.

1.7 Mitos e inverdades quanto à carreira das pessoas

Existem alguns mitos e inverdades quando as pessoas consideram os seus planos de carreira, os quais devem ser explicitados e entendidos, para que não ocorram situações inadequadas por parte de cada planejador de sua carreira.

São eles:

a) As responsabilidades pela carreira e pelo desenvolvimento profissional das pessoas são das empresas nas quais elas trabalham

Essa é uma das maiores mentiras profissionais, e as pessoas que acreditam nisso estão, na verdade, procurando *bengalas* para os seus fracassos e insatisfações.

Conforme explicado neste livro, as responsabilidades das empresas são ter uma estrutura de carreira divulgada e conhecida por todos, bem como criar mecanismos facilitadores para que as pessoas se *encaixem* nessas estruturas formais de carreira. O restante é de única e exclusiva responsabilidade de cada pessoa.

b) A ascensão profissional é uma questão de sorte e/ou de *bajulação*

Algumas pessoas acham que estar no lugar certo, na hora certa, com a pessoa certa, no trabalho certo é o que se precisa para uma rápida e interessante evolução profissional nas empresas.

Conjuntamente ou não a essa situação, as pessoas deveriam ser *bajuladoras* de seus chefes, incluindo a aceitação incondicional de todos os atos e decisões praticados por eles.

Essa também é uma lamentável inverdade, e não merece maiores comentários.

c) O ideal é as pessoas ficarem toda a vida em uma única empresa, dentro dos princípios da lealdade e de *vestir a camisa*

Esse é um mito, e só funciona em determinadas culturas de alguns países, como o Japão – onde esse pensamento está se reduzindo ao longo das últimas décadas –, e nunca deve ser um objetivo do leitor, como um fim em si próprio.

O mesmo vale para o inverso, ou seja, acreditar que o ideal é ficar *pulando* de uma empresa para outra, na busca frenética de evoluir em sua carreira profissional.

Embora em alguns casos esporádicos essa estratégia funcione, não é algo que a prática tem demonstrado como interessante para si só.

Você deve fazer um plano de carreira estruturado – e válido – e se esforçar para cumprir, o mais próximo da plenitude, as suas diversas etapas.

d) Não se pode fazer alterações no plano de carreira

Essa é, no mínimo, uma situação exagerada, que leva a uma inflexibilidade indesejável.

O importante é que se saiba fazer avaliações periódicas do plano de carreira e, sempre que necessário, efetuar os ajustes básicos, desde que seja para levar você a uma evolução profissional efetiva, sustentada, gradativa e acumulativa.

E, nessas avaliações periódicas, nunca se pode mentir para si próprio, o que representa o extremo do absurdo. Entretanto, essa situação está colocada neste livro, porque ela ocorre, por parte de muitas pessoas.

e) Um plano de carreira não serve para nada!

Se você acredita nessa situação, jogue fora este livro e conduza a sua carreira ao *sabor do vento*.

Infelizmente, o autor já conheceu algumas pessoas – poucas, ainda bem! – que não acreditam em planos de carreira.

Não é necessário gastar tempo analisando a razão de essas pessoas pensarem desse jeito.

A preocupação deve ser para com as pessoas que acreditam em planos de carreira, mas não se sentem, por alguma razão, em reais condições de elaborar um.

É para essas pessoas que este livro se direciona, pois apresenta uma metodologia de desenvolvimento e aplicação, bem como todos os outros assuntos correlacionados que podem influenciar – positiva ou negativamente – o referido plano de carreira.

Lembre-se:

- as pessoas só conseguem saber o que devem fazer para aproveitar as oportunidades do mercado de trabalho se tiverem, antecipadamente, um plano estruturado para tal;
- as pessoas só conseguem saber se estão fazendo o que realmente devem fazer se tiverem um plano estruturado para análise; e
- as pessoas só conseguem realizar aprimoramentos e/ou ajustes de atuação se tiverem elaborado, anteriormente, um plano estruturado e formalizado – escrito – a respeito.

Para seu posicionamento: explicar, com exemplos e justificativas, o seu posicionamento perante os cinco mitos apresentados.

1.8 Atitudes das pessoas quanto ao plano de carreira

As pessoas podem apresentar algumas atitudes perante a elaboração e aplicação de seu plano de carreira, as quais têm elevada influência em seu futuro como profissionais de empresa.

Uma atitude é a inativa, na qual o indivíduo quer que as *coisas continuem do mesmo jeito*, pois ele está satisfeito com a situação, querendo, no máximo, sobreviver ao longo dos anos; ele considera que as mudanças no mercado de trabalho são ilusórias, superficiais e temporárias, bem como ele só reage a problemas muito sérios e, na verdade, quer "navegar com a maré, sem balançar o barco", o qual representa a sua carreira.

Outra atitude do indivíduo perante a sua carreira pode ser a reativa, em que ele, em vez de estabelecer uma situação futura evolutiva, quer voltar à situação que tinha no passado, quer continuar a fazer o que sempre fez – independentemente de ser válido, ou não, para a empresa e para ele –, e seu lema básico é "nadar contra a maré, de volta a uma praia conhecida", sendo que a *maré* corresponde ao mercado de trabalho.

A terceira atitude é a proativa, em que o indivíduo elabora um plano de carreira, mas não se preocupa em evoluir de maneira forte; na verdade, ele espera que a sua evolução profissional tenha muita ajuda de outras pessoas e da empresa onde trabalha e, quando se preocupa com a sua carreira, ele visualiza um período de tempo muito curto à frente, e seu lema é "continuar no mesmo ritmo e direcionamento de navegação profissional", sendo que a *navegação* representa a sua carreira.

Entretanto, existe uma quarta atitude frente ao plano de carreira, na qual o indivíduo acredita em si e prepara o seu futuro profissional. É a atitude interativa e, nesse caso, o lema é "redirecionar a maré", a qual corresponde à sua carreira.

Essas quatro atitudes das pessoas perante seus planos de carreira podem ser visualizadas na Figura 1.7:

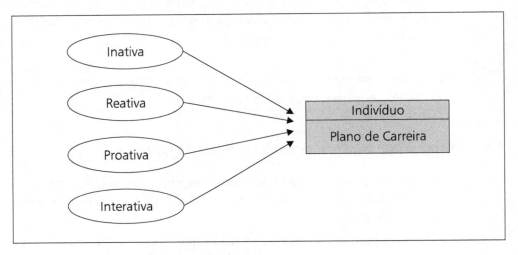

Figura 1.7 Atitudes perante o plano de carreira.

 Para você pensar a respeito: explicar com detalhes e exemplos, a sua atitude básica perante as situações diversas que tem de enfrentar em sua vida pessoal e profissional.

Com a apresentação dos vários aspectos integrantes deste capítulo inicial, espera-se que você tenha incorporado a real necessidade de um plano de carreira bem elaborado, tendo em vista seu sucesso profissional.

No Capítulo 2 terá a oportunidade de aprender uma metodologia para a elaboração e posterior aplicação do seu plano de carreira, sendo que os detalhes dessa metodologia são apresentados nos Capítulos 3 a 8.

Resumo

Neste capítulo, foram apresentados os principais aspectos que proporcionam toda a sustentação para o pleno entendimento do que é um plano de carreira.

Foi verificado que o plano de carreira é a explicitação formal de um conjunto planejado, estruturado, sustentado e sequencial de estágios que consolidam a realidade evolutiva de cada indivíduo, de forma interativa com as necessidades das empresas e das comunidades onde elas atuam.

As principais finalidades do plano de carreira são dar foco ao direcionamento profissional, facilitar a interligação de conhecimentos e, se necessário, a alteração do rumo profissional, dar maior segurança para as pessoas, bem como propiciar amplo debate a respeito da vida profissional das pessoas.

É importante que o plano de carreira seja elaborado com forte abordagem estratégica, para propiciar a maior amplitude possível para a realidade de cada indivíduo.

Inclusive, a metodologia de elaboração e aplicação do plano de carreira, apresentada com detalhes nos sete capítulos seguintes, considera essa abordagem estratégica.

São vários os momentos em sua vida profissional em que as pessoas devem considerar a validade do plano de carreira, bem como esse considera os dois lados usuários: as pessoas e as empresas, sendo apresentadas várias questões de administração de carreira para estas últimas.

Também foram apresentados alguns mitos e inverdades a respeito do plano de carreira e as atitudes que as pessoas podem apresentar para com o referido plano.

Questões para debate

1. Pesquisar e identificar outras conceituações da expressão *plano de carreira*.

2. Debater as finalidades do plano de carreira.

3. Identificar outras finalidades do plano de carreira e estabelecer uma ordem de importância das diversas finalidades do plano de carreira.

4. Debater a amplitude e a importância do plano de carreira.

5. Debater a atuação dos usuários – leitor e empresas – do plano de carreira.
6. Debater as interações entre o seu plano de carreira e a estruturação lógica das carreiras pelas empresas.
7. Debater os mitos e inverdades quanto à carreira das pessoas. E identificar outros mitos e inverdades.
8. Fazer uma autoavaliação quanto às atitudes das pessoas perante o plano de carreira.

Caso:
"Fulano de Tal está preocupado com o seu futuro profissional e não sabe o que fazer."

Fulano de Tal está em idade pré-vestibular e gostaria de ter maior segurança quanto ao curso universitário que deve escolher, pois ele tem plena consciência de que uma escolha ruim, nesse momento, pode provocar perda de tempo para o resto da vida.

Ele tem consciência de que um curso abandonado, nessa época da vida, ainda proporcionaria algumas coisas boas, tais como os ensinamentos recebidos e que podem ter alguma forma de adaptação e aplicação para a nova carreira escolhida.

Portanto, embora o ideal seja uma escolha certa, ele não ficaria totalmente frustrado se a escolha, nesse momento, proporcionasse alguns ensinamentos, preferencialmente direcionados para outros cursos correlatos que apresentassem alguma interação e possíveis sinergias entre conhecimentos. Por exemplo: administração, economia e contabilidade; engenharia de produção, engenharia industrial, logística, processos de qualidade; cinema, teatro, televisão, comunicações.

Um tio do Fulano de Tal explicou – e ele concordou – que é melhor começar a análise da carreira em um contexto estratégico.

Inclusive, esse tio se prontificou a procurar e trazer para o Fulano de Tal uma metodologia para a elaboração e aplicação do plano de carreira em uma abordagem estratégica. Salienta-se que você não deve se preocupar, nesse momento, com essa questão, pois esse assunto será debatido no "caso" do Capítulo 2 do livro.

Um aspecto que o tio do Fulano de Tal considera de elevada importância é que ele tenha consciência de todos os benefícios e as precauções a serem adotadas no plano de carreira, bem como que o sobrinho só coloque verdades sobre si. Ou seja, qualquer mentira colocada pode destruir todo o plano de carreira do Fulano de Tal.

Um aspecto importante para debate entre Fulano de Tal e o seu tio é quanto à efetiva atitude que o sobrinho terá quanto ao seu plano de carreira. Isso porque essa atitude real e comprovadamente efetiva terá influência direta em todos os trabalhos subsequentes realizados por Fulano de Tal.

Outro aspecto que os dois parentes consideram importante é o conhecimento das diferentes maneiras de as empresas estruturarem e administrarem as carreiras dos profissionais que trabalham nelas.

E, se possível, conhecer qual é a estrutura de administração de carreiras aplicada pelas empresas que mais facilmente se enquadra com a realidade do plano de carreira que Fulano de Tal pretende desenvolver.

Fulano de Tal ficará contente se, ao final da análise deste "caso", você contribuir para que ele possa começar a elaborar o seu plano de carreira da forma mais adequada – e inteligente – possível.

Para tanto, você deve esboçar um plano geral, abordando todas as expectativas do Fulano de Tal, e de seu tio, o qual será detalhado ao longo dos sete capítulos seguintes.

Você pode incluir todas as outras situações que julgar válido para o estudo do "caso", desde que respeite o mínimo apresentado no texto.

Essa situação pode facilitar o enquadramento do caso para a sua realidade específica, motivando-o a desenvolver um trabalho de elevada qualidade.

Capítulo 2
Metodologia para a elaboração e aplicação do plano de carreira

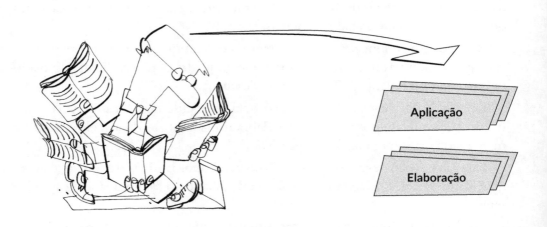

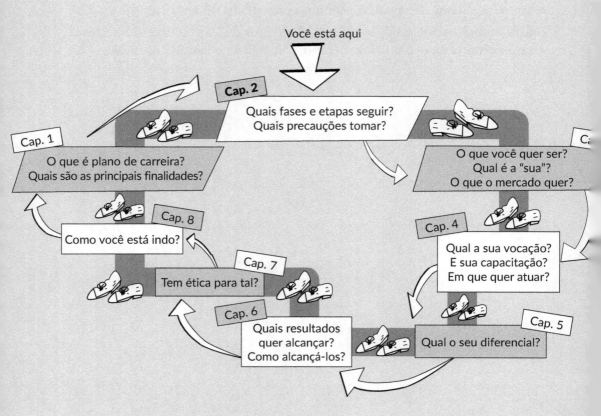

Capítulo 2
Metodologia para a elaboração e aplicação do plano de carreira

"Feliz aquele que transfere o que sabe, e aprende o que ensina."
Cora Coralina

Neste capítulo, é apresentada, de forma resumida, uma metodologia que você pode e deve utilizar para a elaboração e aplicação de seu plano de carreira.

Essa metodologia, que contém seis fases decompostas em 17 etapas, tem todos os seus detalhes apresentados nos seis capítulos subsequentes.

Para facilitar o seu entendimento e aplicação, também são evidenciados os componentes e os condicionantes de todo e qualquer plano de carreira que tenha sido elaborado de forma completa.

Ao final da leitura deste capítulo será possível você responder a algumas perguntas muito importantes para o seu futuro como profissional de empresas, tais como:

- Quais são as fases e etapas que devem ser seguidas na elaboração e aplicação de um plano de carreira?
- Quais são os fatores componentes de todo e qualquer plano de carreira?
- Quais são os fatores condicionantes de todo e qualquer plano de carreira?
- Quais são as principais precauções que devem ser consideradas no processo de elaboração e de aplicação de um plano de carreira?

2.1 Metodologia para a elaboração e aplicação do plano de carreira

A seguir, é apresentado o resumo de uma metodologia que você pode utilizar para a elaboração e aplicação em seu plano de carreira.

Salienta-se que essa metodologia foi consolidada pelo autor, com base em vários serviços de consultoria, principalmente em empresas familiares em que o mesmo atuou como *coach*, ou seja, como orientador de jovens profissionais na estruturação e otimização de seus planos de carreira, geralmente incluindo, também, planos de desenvolvimento de negócios.

Portanto, a referida metodologia tem forte abordagem prática, podendo representar elevado nível motivacional por parte dos leitores.

As fases e etapas dessa metodologia de elaboração e aplicação do plano de carreira são:

Fase 1: Análise do mercado atual e futuro

A finalidade dessa fase é propiciar ao indivíduo o máximo de informações a respeito da situação atual do mercado de trabalho, bem como, dentro das possibilidades de análise de cada um dos leitores, a identificação de algumas *coisas boas e ruins* que irão ocorrer nesse mercado.

Embora o foco básico seja o mercado de trabalho, pois este livro é direcionado aos indivíduos que querem atuar como profissionais de empresas, pode-se considerar o mercado total, para o caso do leitor que pretende ser um empreendedor, montando um negócio próprio. Para detalhes analisar o livro *Empreendedorismo*, dos mesmo autor e editora.

Essa fase, apresentada com detalhes no Capítulo 3, tem muito de reflexão pessoal, sendo constituída de quatro etapas:

Etapa 1.1: Estabelecimento da visão

> **Visão** é a identificação do que o indivíduo quer ser, dentro de um período de tempo mais longo e uma abordagem mais ampla.

As pessoas que não têm visão do que querem de suas vidas estão totalmente desorientadas em suas realidades atual e futura.

Infelizmente para elas, existem muitas pessoas – talvez a maioria – que não têm essa visão de vida.

No contexto prático de seu plano de carreira, uma pessoa com visão tem todas as possibilidades básicas de se orientar, de forma adequada, no seu desenvolvimento como profissional de empresas.

Mais detalhes a respeito desse assunto são apresentados na seção 3.1.

Etapa 1.2: Estabelecimento dos valores pessoais

> **Valores** representam o conjunto de princípios, crenças e questões éticas fundamentais de uma pessoa – individualmente ou em equipe –, os quais fornecem sustentação a todas as suas principais decisões.

Na prática, a visão representa a *luz orientadora* do futuro de cada pessoa, e os valores representam a sua sustentação, baseada em seus atos passados e presentes.

Os valores pessoais direcionam cada pessoa a pertencer ao grupo, ou empresa, ou comunidade A, B ou C.

Mais detalhes a respeito do estabelecimento dos valores pessoais são apresentados na seção 3.2.

Etapa 1.3: Identificação de oportunidades e ameaças

Com base na análise de mercado as pessoas devem identificar as oportunidades – *coisas boas* – e as ameaças – *coisas ruins* –, considerando a sua visão do que quer ser no futuro e os seus valores pessoais atuais.

Oportunidades são situações do mercado de trabalho, incontroláveis pelas pessoas, as quais podem favorecer o futuro de cada uma, desde que identificadas e aproveitadas enquanto perduram.

Ameaças são situações do mercado de trabalho, incontroláveis pelas pessoas, as quais podem prejudicar o futuro de cada uma, mas que podem ser amenizadas ou evitadas, desde que conhecidas e trabalhadas antecipadamente e/ou com competência.

Mais detalhes a respeito de oportunidades e ameaças do mercado de trabalho são apresentados na seção 3.3.

Etapa 1.4: Debate de cenários

Cenários representam situações, critérios e medidas para a preparação do futuro das pessoas.

Na prática, os cenários permitem às pessoas a análise estruturada do que vai acontecer, no futuro, com as oportunidades e ameaças atualmente existentes, bem como a identificação de novas possíveis situações de oportunidades e ameaças no mercado de trabalho.

Mais detalhes a respeito de cenários, que é um importante assunto que as pessoas devem se disciplinar a analisar e a debater, são apresentados na seção 3.4.

Fase 2: Análise da vocação e da capacitação profissional

A finalidade dessa fase é propiciar ao indivíduo o entendimento de sua real vocação e correspondente capacitação profissional, para atuar de uma forma e com determinada amplitude e velocidade de evolução em sua carreira nas empresas.

Essa fase, apresentada com detalhes no Capítulo 4, é constituída de quatro etapas com finalidades específicas e perfeitamente interligadas.

São elas:

Etapa 2.1: Análise da vocação profissional

> **Vocação** é o ato de explicitar uma predestinação de um talento ou aptidão para uma atividade, de maior ou menor abrangência, e que proporciona sustentação para o desenvolvimento profissional, com qualidade de vida, das pessoas.

A vocação é um fator fundamental para maior agilidade na evolução do plano de carreira das pessoas.

Mais detalhes a respeito da vocação profissional são apresentados na seção 4.1.

Etapa 2.2: Análise da capacitação profissional

> **Capacitação** profissional é a habilidade de identificar, adquirir e aplicar conhecimentos – conceituais, metodológicos e técnicos – em processos e atividades de sua área de atuação na empresa. Corresponde à aprendizagem gradativa, acumulativa e sustentada ao longo do tempo.

A capacitação profissional é algo administrável pelas pessoas, recebendo influência direta dos pontos fortes e dos pontos fracos que essas pessoas apresentam em sua vida profissional.

> **Pontos fortes** são diferenciações controláveis conseguidas pelas pessoas, de forma planejada e controlada, e que lhes proporcionam vantagens competitivas em relação às outras pessoas.

> **Pontos fracos** são situações controláveis, mas inadequadas, que as pessoas apresentam e que lhes provocam desvantagens competitivas em relação às outras pessoas.

Como os pontos fortes e fracos de cada indivíduo são aspectos controláveis, principalmente quanto ao nível de conhecimento dos assuntos administrativos e técnicos das empresas, são esses pontos que proporcionam as diferenças das realizações profissionais de cada pessoa.

Infelizmente para elas, muitas pessoas não proporcionam a devida atenção e o necessário esforço para consolidar interessantes pontos fortes que sustentem a sua evolução profissional ao longo do tempo.

Os pontos fortes e fracos devem ser analisados na realidade atual das pessoas, mas também, preferencialmente, no contexto futuro, de acordo com a influência possível dos cenários identificados por cada pessoa (ver seção 3.4).

Mais detalhes a respeito da capacitação profissional são apresentados na seção 4.2.

Etapa 2.3: Estabelecimento da missão e dos focos da atuação

Nesse momento, você deve estabelecer os limites do *campo de futebol* onde irá praticar as suas atividades profissionais.

> **Missão** é o campo – espaço – em que cada pessoa – aluno e/ou profissional de empresa – atua ou poderá atuar no futuro, e a explicitação dos públicos que pretende atender. Corresponde à razão de ser de cada pessoa.

É *dentro* da missão que as pessoas devem estabelecer os seus focos de atuação.

Nesse contexto, a missão tem uma importância extra, pelo fato de evitar que as pessoas comecem a *dar tiro para todos os lados* na elaboração de seus planos de carreira.

> **Focos de atuação** correspondem aos segmentos de mercado e/ou capaci-tações profissionais para os quais cada pessoa direciona os seus esforços e sua inteligência.

Os focos de atuação podem ser efetivos ou atuais, bem como potenciais ou futuros, sendo que cada pessoa não deve *abrir muito o leque* quanto aos focos potenciais, pois pode perder a sua *personalidade* profissional.

Mais detalhes são apresentados na seção 4.3.

Etapa 2.4: Estabelecimento da postura estratégica

Postura estratégica é o nível de *aceleração* de cada pessoa para os seus focos de atuação, em sua realidade atual ou futura.

Na prática, a postura estratégica procura estabelecer se uma pessoa *está com tudo* em termos de oportunidades de mercado e capacitação profissional necessária; ou se *está na pior*, com muitas ameaças no seu mercado de trabalho e baixa capacitação profissional.

Entre esses dois extremos existem situações intermediárias – interessantes ou não –, que cada leitor pode consolidar em seu plano estratégico de carreira.

Mais detalhes a respeito da postura estratégica das pessoas em seus planos de carreira são apresentados na seção 4.4.

Fase 3: Estabelecimento da vantagem competitiva

A finalidade dessa fase é proporcionar o entendimento da realidade de uma pessoa perante os seus concorrentes reais e potenciais para o otimizado desenvolvimento do seu plano de carreira.

Essa fase é constituída de duas etapas, perfeitamente interligadas e de elevado interesse prático para as pessoas.

São elas:

Etapa 3.1: Análise dos concorrentes

Análise dos concorrentes é o processo estruturado de identificação e de conhecimento dos concorrentes, representados por outros alunos e/ou outros profissionais de empresa.

Essa análise proporciona o benefício extra para você conhecer melhor e com mais detalhes o mercado de trabalho.

Mais detalhes são apresentados na seção 5.1.

Etapa 3.2: Estabelecimento da vantagem competitiva

Vantagem competitiva é a razão básica pela qual o mercado de trabalho *compra* os serviços de determinada pessoa, em detrimento de outros profissionais.

Consolidar uma interessante vantagem competitiva é o maior *lance* para um otimizado plano estratégico de carreira.

Mais detalhes são apresentados na seção 5.2.

Fase 4: Estabelecimento dos objetivos e estratégias

A finalidade dessa fase é estabelecer os resultados – objetivos e metas – e as ações – estratégias e projetos – que o plano de carreira de cada pessoa deve consolidar.

Essa fase tem duas etapas, a saber:

Etapa 4.1: Estabelecimento dos objetivos e metas

Objetivos são resultados quantificados e com prazos a serem alcançados para se consolidar o plano de carreira.

Metas são etapas ou passos intermediários para se alcançarem os objetivos do plano de carreira.

Mais detalhes são apresentados na seção 6.1.

Etapa 4.2: Estabelecimento das estratégias e dos projetos

Estratégias são as maneiras, inclusive alternativas, de se alcançarem os objetivos e as metas do plano de carreira.

A explicitação das estratégias corresponde ao momento mais criativo do plano de carreira.

Projetos correspondem a estruturações de trabalhos para se operacionalizar as estratégias, explicitando o resultado final a ser alcançado, o prazo de execução e os recursos alocados – cursos, treinamentos – para se consolidar o plano de carreira.

Mais detalhes são apresentados na seção 6.2.

Fase 5: Estabelecimento do código de ética profissional

A finalidade desta fase é estruturar o código de ética profissional das pessoas, o qual vai delinear a *personalidade* profissional de cada indivíduo.

Esta fase tem duas etapas, a saber:

Etapa 5.1: Estabelecimento das políticas

> **Políticas** são parâmetros e critérios para a orientação do processo decisório quanto ao plano de carreira.

As políticas correspondem às leis pessoais que sustentam o comportamento e as atitudes das pessoas quanto ao seu plano de carreira.

Mais detalhes a respeito das políticas são apresentados na seção 7.1.

Etapa 5.2: Estabelecimento do código de ética profissional

> **Código de ética profissional** é o conjunto estruturado, lógico e disseminado de normas de conduta e de orientações ao processo decisório de cada pessoa, quanto ao que deve ser considerado certo ou errado.

Mais detalhes são apresentados na seção 7.2.

Fase 6: Análise da evolução profissional

A finalidade desta fase é possibilitar o acompanhamento e o aprimoramento, em *tempo real*, do plano de carreira de cada pessoa.

Esta fase é constituída de três etapas, a saber:

Etapa 6.1: Análise da evolução profissional

> **Análise da evolução profissional** é a verificação periódica da situação do plano de carreira, utilizando critérios e indicadores de desempenho previamente estabelecidos.

Mais detalhes são apresentados na seção 8.1.

Etapa 6.2: Estratégias para aprimoramento

Esta etapa corresponde a um aprimoramento, com criatividade, inovação e diferenciação, das estratégias desenvolvidas na seção 6.2.

Ou seja, neste momento procura-se dar um *algo mais* ao plano de carreira elaborado.

Mais detalhes são apresentados na seção 8.2.

Etapa 6.3: Qualidade total do plano de carreira

Qualidade total do plano de carreira é tudo que se faz em termos de aspectos intrínsecos, rastreados, de custos e de atendimento das expectativas das pessoas quanto ao seu futuro profissional e das empresas onde esses profissionais trabalham.

Mais detalhes deste importante aspecto do plano de carreira das pessoas são apresentados na seção 8.3.

Na seção 1.6.3, são apresentados os detalhes do processo de interligação entre o plano de carreira dos indivíduos e a estrutura de administração de carreira das empresas, facilitando o *enquadramento* das pessoas na realidade de cada empresa.

2.2 Fatores componentes do plano de carreira

Nesta seção, são apresentados os diversos itens que devem fazer parte integrante de todo e qualquer plano de carreira, independentemente da realidade do indivíduo considerado.

Componentes do plano de carreira são representados pelo conjunto de conhecimentos, habilidades e atitudes das pessoas, os quais formam o centro de inteligência sustentada de cada profissional de empresa.

Verifica-se que os componentes podem representar a base de sustentação profissional de cada pessoa, cujas partes podem ser decompostas em partes menores, conforme apresentado nesta seção.

Cada pessoa tem um conjunto de conhecimentos, habilidades e atitudes (CHA), os quais consolidam situações diferenciadas de atuação de cada profissional nas empresas.

A seguir, são apresentados os conceitos, bem como as partes integrantes de cada um dos componentes básicos do plano de carreira.

2.2.1 Conhecimentos

Conhecimento é a capacidade de entender o conceito e a estruturação de um assunto ou atividade, bem como saber consolidar sua aplicação em uma realidade específica da empresa.

Os principais conhecimentos que os profissionais das empresas devem ter, para os quais os leitores deste livro devem estar atentos para melhor desenvolver seus planos de carreira, são:

a) Desenvolver e consolidar elevado nível de conhecimento para a atividade profissional escolhida

É fundamental que cada pessoa se dedique, ao máximo, para o pleno conhecimento da atividade profissional escolhida, estudando e se autotreinando da melhor forma possível.

b) Ter conhecimento de administração

Independentemente da profissão escolhida, cada pessoa deve ter conhecimento de administração, ainda que seja de forma reduzida.

O profissional de empresas deve ter conhecimento das funções da administração – planejamento, organização, gestão de pessoas, direção e avaliação –, bem como das áreas funcionais ou funções das empresas: marketing, produção, finanças etc.

Naturalmente, quanto às áreas funcionais das empresas, seu conhecimento pode ser desequilibrado, de acordo com sua área de atuação escolhida.

Com referência às funções da administração, os profissionais de empresas sabem que, antes de tudo, devem ter adequado conhecimento do processo de planejamento. Isso porque de nada adianta concentrar esforços nas funções de organização, gestão de pessoas, direção e avaliação se, anteriormente, não existir otimizado planejamento que estabeleça a situação futura desejada e como alcançar essa situação.

c) Ser generalista, com forte especialização

O profissional deve ser generalista, pois suas análises, propostas e decisões envolvem várias atividades da empresa para a qual trabalha ou vai trabalhar.

E tem que ser especialista, porque é obrigado a ter elevado conhecimento das metodologias e técnicas de sua área específica de atuação.

d) Fazer *parte do mundo*

O profissional de empresas deve ter amplo referencial de atuação, sustentada por sólida cultura geral, bem como interesses e experiências diversificadas.

e) Estar voltado para o processo de inovação

Os profissionais das empresas devem estar direcionados para o processo de inovação, o qual necessita de alguns fatores básicos, como senso de oportunidade, agressividade, comprometimento, qualificação das pessoas e flexibilidade para usufruir oportunidades que passaram despercebidas em um primeiro momento.

É necessário saber que a grande maioria das metodologias e técnicas, para qualquer atividade empresarial, a serem utilizadas durante as próximas décadas, ainda não foi inventada.

Os profissionais das empresas devem contribuir para esse processo inovativo ou, pelo menos, saber identificar, aprender, adaptar e aplicar essas novas tecnologias.

E lembre-se: as empresas estarão, cada vez mais, procurando novas soluções para problemas mais complexos.

f) Saber administrar o tempo

Os profissionais devem saber que tempo é dinheiro, sucesso, liderança, produtividade, inovação etc.

E que o tempo representa vantagem competitiva para você que é, ou pretende ser, profissional de empresa e para a empresa em si.

g) Ser ético

Os profissionais das empresas devem conhecer os princípios e a aplicação da ética, bem como utilizar todos os seus conhecimentos de forma ética.

Inclusive, o ideal é que cada empresa tenha um código de ética – efetivo e respeitado – que envolva todos que trabalham nela e para ela.

É também importante que cada leitor elabore o seu código de ética profissional. Ver detalhes na seção 7.2.

h) Desenvolver situações alternativas interessantes

Os profissionais devem ter adequado conhecimento dos assuntos sob sua responsabilidade para, inclusive, conseguir elaborar situações alternativas que possibilitem otimizar o processo decisório nas empresas.

Verifica-se que, enquanto do lado dos indivíduos a preocupação é o conhecimento, do lado das empresas o foco principal é a administração do conhecimento.

No *meio de campo* entre essas duas pontas, a questão básica é o desenvolvimento individual, principalmente pelo fato de os profissionais serem o principal fator de sustentação das empresas em seus processos evolutivos.

> **Desenvolvimento individual** é o processo planejado e estruturado em que um estudante ou profissional de empresa identifica e se capacita em conhecimentos e habilidades básicos em um ou mais assuntos crescentes nas necessidades das empresas.

Foi verificado que, do lado da empresa, a preocupação é com a otimizada administração do conhecimento.

Administração do conhecimento é o processo estruturado e sistematizado de obter, coordenar e compartilhar as experiências, os conhecimentos e as especialidades dos profissionais das empresas, visando ao acesso à melhor informação no tempo certo, com a finalidade de otimizar o desempenho global das atividades de cada indivíduo e de toda a empresa.

 Para sua autoavaliação: você deve se avaliar, com exemplos e justificativas, quanto aos conhecimentos básicos do profissional de empresas. E explicar como pretende se aprimorar a respeito.

2.2.2 Habilidades

As habilidades correspondem a outro fator componente do plano de carreira das pessoas.

Habilidade é o processo de visualizar, compreender e estruturar as partes e o todo dos assuntos das empresas, consolidando resultados otimizados pela atuação de todos os recursos disponíveis.

Assim como o conhecimento corresponde ao "saber", a habilidade corresponde ao "saber fazer".

Verifica-se que os conhecimentos devem ser operacionalizados de forma conjunta com as habilidades que os profissionais das empresas devem ter.

Podem ser consideradas, como essenciais, as seguintes habilidades que os profissionais de sucesso devem ter:

a) Ter atitude interativa perante as diversas situações que as empresas colocam a sua frente

As pessoas não devem ter uma atitude inativa, apresentando estilo conservador quanto às atividades sob sua responsabilidade e procurando nada mais do que a estabilidade e a sobrevivência para si e para a empresa em que trabalha.

Também não deve ter uma atitude reativa, na qual apresenta alta resistência às mudanças, pois prefere um estado anterior ao atual, nas várias situações pessoais e profissionais que enfrenta.

Uma atitude proativa, embora não seja considerada inadequada, não pode ser ideal. Isto porque, nesse caso, o indivíduo planeja para o futuro e não o futuro em si, ou seja, ele basicamente projeta o passado no seu futuro e no da empresa, com um estilo profissional da *mesmice*.

A atitude ideal para o profissional de sucesso é a interativa, em que ele prepara o futuro – seu e da empresa onde trabalha – e acredita que pode concretizar esta situação. Para ele, o futuro só depende do que faz agora e depois. Ver mais detalhes na seção 1.8.

b) Ter adequado relacionamento com as pessoas

O profissional deve ter adequado relacionamento com todas as pessoas, tanto as que trabalham diretamente, quanto as que trabalham indiretamente com ele e, neste contexto, deve estabelecer relacionamentos sólidos calcados em confiança, respeito e consciência dos direitos e responsabilidades das partes, bem como assegurar a participação interna das pessoas no processo decisório da empresa, acreditando no valor de suas contribuições e abrindo espaço ao seu desenvolvimento profissional e pessoal.

Ele também deve ter todas as características básicas de bom negociador.

c) Saber trabalhar com erros

As pessoas devem considerar o erro – quando for inevitável – como foco de aprendizado e, portanto, aceitar o processo de experimentação, desde que devidamente planejado e negociado.

Por meio dessa atuação as pessoas podem auxiliar na consolidação de uma realidade criativa na empresa, que é uma das premissas para um adequado processo estratégico e de desenvolvimento de negócios.

d) Ter adequado processo de autoavaliação

Cada pessoa deve considerar a função de avaliação das atividades que realiza e, inserida nessa, a autoavaliação, que evita que as coisas simplesmente aconteçam, pois a avaliação, nesse caso, está ocorrendo antes do fato consumado.

E, mais importante ainda, a avaliação está ocorrendo por livre iniciativa de quem é responsável pela decisão tomada.

e) Ser agente de mudanças

As empresas são obrigadas a passar, periodicamente, por fortes mudanças como consequências das novas realidades de seus produtos e serviços, de seus mercados, de seus concorrentes, das ações tomadas pelos governos – federal, estadual e municipal –, das ações da comunidade etc.

Nesse contexto, devem surgir novos papéis e responsabilidades das pessoas, novas interações organizacionais e hierárquicas, novos negócios, produtos e serviços, novos mercados, novos modelos de administração.

E as pessoas inteligentes se preparam, antecipadamente, para essas novas realidades que vão surgindo ao longo do tempo, consolidando planos de carreira com elevada qualidade.

f) Ter intuição

Neste caso, os indivíduos devem saber identificar e captar oportunidades e saber estar à frente do processo decisório na empresa onde trabalham.

g) Saber trabalhar em equipe

Deve existir a procura de elevada e ampla interação entre as pessoas e, para tanto, elas devem saber trabalhar em equipes, principalmente as multidisciplinares.

h) Ter capacidade de resolver conflitos

Como os trabalhos nas empresas envolvem elevado número de pessoas, é muito comum a ocorrência de conflitos.

As pessoas devem ter a habilidade de resolver esses conflitos, bem como, muitas vezes, reverter a situação com elevada melhoria geral, fazendo com que os envolvidos trabalhem de forma mais efetiva para o alcance dos resultados comuns anteriormente estabelecidos; e, nesse caso, estará atuando com liderança, que é um assunto de elevada importância em todo e qualquer plano de carreira.

i) Saber desempenhar, com facilidade, novas tarefas

Esta habilidade é muito importante para cada pessoa evoluir em seu plano de carreira.

Entretanto, para ela conseguir essa situação é necessário que, antecipadamente, tenha conhecimento, ainda que superficialmente em alguns assuntos, de outras atividades que a empresa considerada realiza para consolidar seus negócios, produtos e serviços.

j) Ter facilidade de adaptação às mudanças do mercado de trabalho

Esta é uma questão muito importante, pois o que se observa é uma grande maioria das pessoas que não sabem se adaptar aos nossos tempos, às novas realidades de mercado.

Lembre-se que, quanto mais a pessoa demora neste processo de adaptação, mais dificuldades vai tendo em alcançar as novas realidades e necessidades do mercado.

E, se demorar muito, chega ao ponto de ruptura, em que a pessoa fica completamente fora do mercado de trabalho e, se conseguir algum novo emprego, seguramente esse é uma atividade marginal ao referido mercado de trabalho.

Essa questão de habilidades pessoais ideais pode variar um pouco ao longo dos diversos momentos da vida profissional de uma pessoa.

Por exemplo, no momento de escrever este livro estavam em elevada consideração as seguintes habilidades no caso dos estagiários e, principalmente, dos *trainees* das empresas:

- iniciativa: capacidade para colocar em prática uma ideia ou sugestão, bem como agir prontamente frente a uma necessidade;
- criatividade e inovação: apresentar soluções novas às situações conhecidas e explorar novas maneiras de alcançar resultados;
- trabalhar em equipe: disposição para atividades em grupo, mantendo clima de interdependência e confiança mútua. Implica na facilidade de atuar com profissionais de outras áreas;
- dinamismo: disposição para realizar atividades, bem como capacidade de executar tarefas simultâneas;
- facilidade de comunicação: habilidade para transmitir informações, expressar ideias e opiniões, tornando possível a interação social no ambiente de trabalho; e
- postura profissional: boa apresentação pessoal, cuidados com a aparência, respeitar as normas e procedimentos da empresa, identificar seu potencial e desenvolvê-lo, ser organizado, bem como aproveitar as oportunidades para aprender e ser ético.

Para sua autoavaliação: você deve se avaliar, com exemplos e justificativas, quanto às liberdades básicas do profissional de empresas.
E explicar como pretende se aprimorar a respeito.

2.2.3 Atitudes

Atitude é a explicitação do comportamento, correspondendo ao modo de cada indivíduo se posicionar e agir perante cada situação apresentada em sua vida pessoal ou na empresa onde trabalha.

A atitude corresponde ao "querer fazer", ou seja, o que nos leva a colocar em prática os conhecimentos e habilidades.

Podem ser consideradas algumas atitudes dos indivíduos, tais como:

a) Autoconfiança

Corresponde à forma como cada indivíduo se posiciona perante os diversos acontecimentos que se colocam à sua frente, incluindo o seu nível de sustentação e de qualidade decisória, bem como o processo de responsabilidade assumida pelos seus atos.

b) Capacidade de aprendizado contínuo

Esta é uma realidade e necessidade por si só.
Sem mais comentários!

c) Flexibilidade profissional

Corresponde à possibilidade do leitor em identificar e desenvolver um plano de carreira, dentro da empresa, respeitando as suas expectativas pessoais.

d) Autodesenvolvimento *na tarefa* e em *tempo real*

Corresponde à situação em que você pode desenvolver a sua carreira de acordo com a realidade da empresa, possibilitando que o aprendizado seja *na tarefa*, isto é, durante a própria realização dos trabalhos, bem como em *tempo real*, ou seja, no momento ideal e efetivo.

e) Mobilidade

Corresponde à situação em que você pode desenvolver e focar nova área de atuação na mesma empresa, ou seja, mudar de emprego – cargo ou função – sem mudar de empresa.

f) Interação com os recursos necessários

Correspondem a todo e qualquer recurso – informações, tempo etc. – para que você possa desenvolver o seu plano de carreira com qualidade total (ver seção 8.3).

g) Otimizada relação carreira *versus* qualidade de vida

Corresponde à possibilidade de consolidar, com sucesso, o seu plano de carreira, mas não se esquecendo da importância da qualidade de vida. Essa é, na opinião deste autor, a situação máxima na vida de um profissional de empresas.

Para sua autoavaliação: você deve se avaliar, com exemplos e justificativas, quanto às atitudes básicas do profissional de empresas.
E explicar como pretende se aprimorar a respeito.

2.3 Fatores condicionantes do plano de carreira

Condicionantes do plano de carreira são fatores externos à essência do referido plano, mas que podem provocar benefícios ou situações inadequadas para a vida profissional das pessoas.

Neste momento, são considerados quatro condicionantes do plano de carreira, sendo que outras situações podem se referir a desdobramento desses quatro fatores principais.

São eles:

a) Relacionamentos

A intensidade e a qualidade do nível de relacionamento que as pessoas consolidam ao longo de sua vida pessoal e profissional são de elevada importância para a efetivação de seus planos de carreira.

b) Mudanças, planejadas ou não, nas empresas

São várias as mudanças que podem ocorrer nas empresas, com reflexo na vida pessoal e profissional dos indivíduos que trabalham nelas.

Um exemplo é a questão do *achatamento* da estrutura organizacional.

A atual realidade das empresas, que certamente vai perdurar no futuro, é de redução dos níveis hierárquicos, criando uma situação em que os profissionais das empresas terão cada vez menos postos para galgar.

Portanto, o plano de carreira a ser elaborado por você deve estar vinculado a suas conquistas individuais – novos conhecimentos, habilidades e atitudes – e não necessariamente a novos postos na estrutura hierárquica da empresa.

c) Estrutura de poder

A estrutura de poder existente nas empresas é um importante fator de influência nos planos de carreira das pessoas, mas não se pode esquecer que essas tentam, em maior ou menor escala, influenciar a estrutura de poder existente nas empresas onde trabalham, representada pela estrutura organizacional, pelas políticas e regras e, principalmente, pela competição entre os profissionais da empresa considerada.

É nesse jogo com vencedores e perdedores que os indivíduos podem estar tentando operacionalizar os seus planos de carreira.

d) Riscos e frustrações

A prática tem demonstrado que as situações de riscos e frustrações ocorrem, principalmente, nos seguintes momentos da vida das pessoas:

- nos jovens, em seus inícios de carreira, os quais colocam em suas expectativas elevada evolução profissional, pois acham que "sabem tudo" mas, aos poucos, vão descobrindo que essa é uma situação irreal e, portanto, ainda têm muito a aprender; e
- nos mais velhos, em momentos de perda de seus empregos e, principalmente, no processo de busca de colocação em outras empresas.

Essas duas situações reforçam, de forma evidente, a necessidade de detalhados e otimizados planos de carreira e, mais ainda, que esses sejam analisados e aprimorados ao longo do tempo.

Os três componentes e os quatro condicionantes do plano de carreira podem ser visualizados na Figura 2.1:

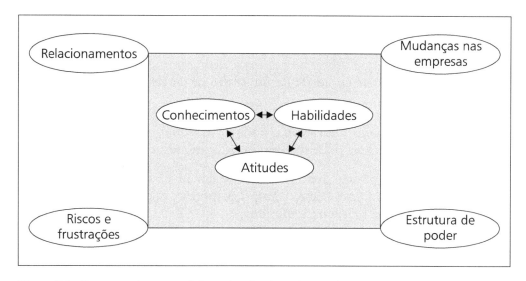

Figura 2.1 Componentes e condicionantes do plano de carreira.

Para seus comentários: comentar, com detalhes, os quatro condicionantes do plano de carreira e as suas possíveis influências em sua vida pessoal e profissional.

2.4 Precauções na elaboração e aplicação do plano de carreira

Sem a preocupação de hierarquizar os assuntos, você pode considerar algumas precauções para as otimizadas elaboração e aplicação do plano de carreira.

São elas:

a) Acabar com as resistências pessoais ao próprio plano de carreira

Neste momento, surge uma pergunta: "por que a maioria das pessoas, com inteligência e conhecimentos suficientes, sabem da necessidade de um plano de carreira e não o elaboram?"

Infelizmente, a resposta é simples, mas *chata*: essas pessoas não acreditam em si próprias, bem como acham que os seus futuros estão, única e exclusivamente, colocados nas mãos dos executivos que têm o poder de decisão nas empresas.

Mas, se essas pessoas não fazem nada por si próprias, não vão ser os outros que vão se preocupar com o futuro delas.

b) Tomar muito cuidado com as suas atitudes

A prática tem demonstrado que, para alguém se aprimorar tecnicamente, pode demandar o período de um ano; mas, para mudar suas atitudes, pode demorar cinco anos. Isto se conseguir mudá-las!

Mais detalhes são apresentados na seção 1.8.

c) Acreditar na necessidade de um plano de carreira

Embora este autor tenha pleno conhecimento de que são poucas as pessoas que elaboram seus planos de carreira, pode-se acreditar que tal situação se alterará ao longo do tempo, pelas seguintes razões inquestionáveis e irreversíveis:

- do lado das pessoas, pelo gradativo maior nível de concorrência entre elas para os mesmos cargo e empresa, junto com os momentos de crise na economia brasileira e mundial; e
- do lado das empresas, pela busca de profissionais com determinado perfil de atuação – geralmente mais inovador e empreendedor –, bem como de processos mais baratos e rápidos de contratação e de apresentação de resultados pelos profissionais contratados.

Essa questão do custo da contratação e da rapidez de apresentação de resultados está correlacionada a outra realidade na vida das pessoas: elas é que são responsáveis pelas suas evoluções profissionais, sendo que a empresa deve se preocupar apenas com dois aspectos: a consolidação de algumas facilidades para que os profissionais da empresa se desenvolvam, bem como, principalmente, a explicitação do que se espera desses profissionais, a curto, médio e longo prazos.

Ou seja, a época das *empresas-mães*, que seguram as mãos dos profissionais e os protegem de todas as adversidades, está acabando; na realidade, já deveria ter acabado há muito tempo!

Para seus comentários: comentar o seu posicionamento a respeito das precauções apresentadas na elaboração e aplicação do seu plano de carreira.

Resumo

Neste capítulo, foi apresentada, de forma global e geral, uma metodologia estruturada que você pode considerar para a elaboração e aplicação do seu plano de carreira.

Esta metodologia, com forte abordagem prática, tem seis fases, divididas em 17 etapas.

Se você respeitar os aspectos básicos apresentados por esta metodologia, o seu plano de carreira, seguramente, estará *nascendo bem*.

Também foram apresentados os componentes – representados pelos conhecimentos, pelas habilidades e pelas atitudes das pessoas –, bem como os condicionantes do plano de carreira.

As principais precauções, para a melhor elaboração e aplicação da metodologia do plano de carreira, são: acabar com as resistências, ter atitudes adequadas e acreditar na necessidade do plano de carreira.

Questões para debate

1. Debater as fases da metodologia apresentada para a elaboração e aplicação do plano de carreira.
2. Pesquisar, em outras obras, outras metodologias inerentes ao desenvolvimento do plano de carreira, com foco no indivíduo.

3. Fazer uma análise comparativa entre a metodologia apresentada neste livro e as outras pesquisadas por você.
4. Como decorrência da questão anterior, elaborar a metodologia que melhor se enquadra na sua realidade.
5. Debater os fatores componentes do plano de carreira.
6. Para a questão anterior, estabelecer uma hierarquia de importância, com justificativas.
7. Debater os condicionantes do plano de carreira.
8. Para a questão anterior, estabelecer uma hierarquia de importância, com justificativas.
9. Debater as precauções na elaboração e aplicação do plano de carreira.
10. Identificar outras precauções que você considera necessárias para otimizar o seu plano de carreira.

Caso:
"Fulano de Tal identificou que o seu problema básico é a inexistência de um plano de carreira focado em seu futuro, como profissional de empresas."

No desenvolvimento do "caso" do capítulo anterior, você elaborou um plano genérico para *dar uma ordem geral* no raciocínio de Fulano de Tal quanto ao seu plano de carreira.

Com base no plano elaborado por você, e com o auxílio do tio de Fulano de Tal que descobriu uma metodologia para a elaboração e aplicação do plano de carreira apresentado neste capítulo, o resultado geral é o debate do nível de facilidade ou de dificuldade que Fulano de Tal vai ter em aplicar a referida metodologia.

Essa análise pode ser realizada por você, respeitando a situação de que, das 17 etapas distribuídas em 6 fases, Fulano de Tal apresenta:

- facilidade de análise e identificação de 5 etapas;
- relativa dificuldade ou facilidade quanto a 7 etapas; e
- dificuldade quanto a 5 etapas.

Você deve distribuir essas situações de facilidade ou dificuldade entre as 17 etapas das 6 fases, de tal forma que a situação de cada fase tenha uma coerência quanto ao nível de facilidade ou dificuldade de análise por parte do Fulano de Tal.

Após essa distribuição, você deve apresentar o maior número de comentários de como acredita que Fulano de Tal deve abordar cada uma das 17 fases da metodologia.

Todos esses comentários serão utilizados nos capítulos subsequentes.

Com referência aos componentes do plano de carreira, tem-se a seguinte situação:

- conhecimentos: pode-se considerar que Fulano de Tal sempre procurou ter os conhecimentos específicos e gerais que eram apresentados nos cursos feitos, bem como em sua vida pessoal;
- habilidades: neste caso, a situação de Fulano de Tal apresenta problemas, pois em significativa parte das vezes tem dificuldade em administrar situações de conflito; e
- atitudes: aqui a situação é uma incógnita quanto às reações e ações de Fulano de Tal, pois algumas vezes é calmo e orientador, e outras vezes *quebra o pau da barraca* sem qualquer razão aparente.

Quanto aos condicionantes do plano de carreira, neste momento Fulano de Tal é totalmente dependente das pessoas de sua confiança para receber as informações necessárias a respeito de seu plano de carreira.

Fulano de Tal também gostaria que você debatesse as precauções que ele deve considerar para a otimizada elaboração e aplicação de seu plano de carreira ao longo do tempo.

Essas são as suas contribuições neste momento.

Quanto mais detalhadamente você trabalhar esses assuntos para a realidade de Fulano de Tal, mais fáceis serão a análise e o debate dos casos apresentados nos seis capítulos seguintes.

Outra contribuição é para o plano de carreira de cada leitor. Neste caso, você é o Fulano de Tal apresentado nos "casos" dos oito capítulos deste livro.

Capítulo 3
Análise do mercado de trabalho

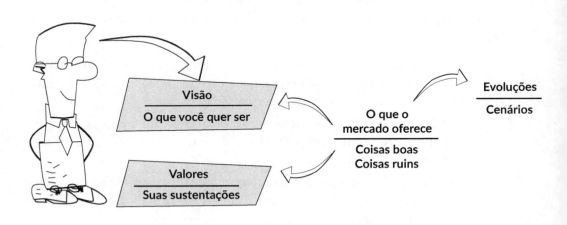

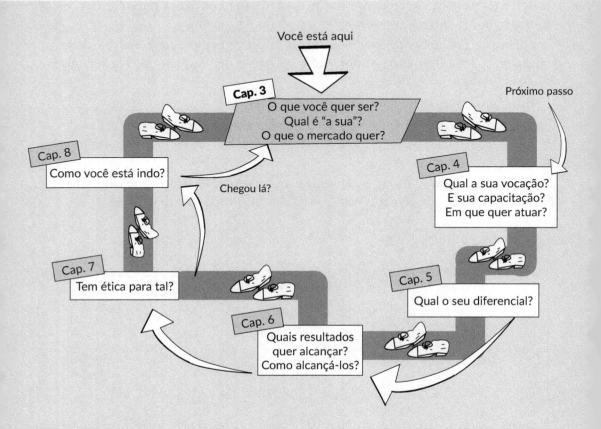

Capítulo 3

Fase 1 da metodologia: Análise do mercado atual e futuro

"O maior erro é a pressa antes do tempo,
e a lentidão ante a oportunidade."
Provérbio árabe

Neste capítulo, são apresentados os detalhes a respeito da Fase 1 da metodologia apresentada na seção 2.1, correspondendo à análise do mercado atual e futuro, quanto às possíveis profissões a serem analisadas pelo leitor.

Esse é um trabalho que deve ser realizado com qualidade, pois tem influência direta em todas as atividades – e dispêndio de tempo – a serem realizadas posteriormente por você.

Essa fase necessita de paciência, perseverança e muita conversa, com troca de ideias junto a profissionais atuantes em áreas diversas das empresas.

Na prática, corresponde a saber perguntar, de forma simples, direta e rápida, bem como saber ouvir, com inteligência, diálogo e interesse.

Nunca caia no erro clássico, afirmando que "eu já sei o que quero da vida".

Foi verificado que a Fase 1 da metodologia de desenvolvimento e aplicação do plano de carreira pelas pessoas, correspondente à análise do mercado atual e futuro, deve ser desenvolvida em quatro etapas, a saber:

- estabelecimento da visão que o leitor tem de sua vida profissional;
- estabelecimento dos valores pessoais do leitor, os quais devem sustentar sua carreira profissional;
- identificação das oportunidades e ameaças que o leitor consegue detectar no mercado de trabalho; e
- debate dos cenários, que orientam a evolução das oportunidades e ameaças no mercado de trabalho, se possível considerando a vida útil do leitor como profissional de empresas. Vida útil é o tempo total de atuação do leitor como funcionário ou como proprietário de empresa.

Ao final da leitura deste capítulo, será possível responder a importantes questões, a saber:

- Como devo efetuar a análise de mercado atual e futuro?
- Como posso utilizar, na prática, o resultado destas análises?
- Como posso estabelecer a visão do que eu quero ser?
- Como explicitar os meus valores pessoais?

- Como posso identificar e trabalhar as oportunidades e ameaças nestes mercados?
- Como posso identificar os cenários futuros do mercado de trabalho?
- Quais as sugestões que devo respeitar para a otimizada realização da análise de mercado?

3.1 Etapa 1.1: Estabelecimento da visão

Foi verificado, na seção 2.1, que a **visão** corresponde à identificação do que o indivíduo quer ser, dentro de um período de tempo mais longo – preferencialmente por toda a sua vida profissional – e uma abordagem mais ampla, para analisar todas as possibilidades interessantes para a realidade de cada pessoa.

Se você tiver dúvidas a respeito da importância da visão no plano de carreira das pessoas, pode perguntar a si próprio:

- Existe um rumo claro para a minha atuação profissional futura?
- O enunciado dessa minha visão é compreendido por todas as pessoas – amigos, profissionais de empresas, entrevistadores para emprego – com quem converso e troco ideias a respeito?
- A frase da minha visão – se ela já existir – é utilizada em todas as minhas decisões de plano de carreira, principalmente quanto ao foco básico que eu pretendo alcançar, concentrando e direcionando todos os meus esforços?

Se você tiver dificuldade de responder a essas perguntas, a sua vida profissional está completamente *fora de foco* e, portanto, não existe nenhum delineamento estratégico em seu plano de carreira.

Verifica-se que o estabelecimento da visão de uma pessoa envolve questões racionais, mas também questões emocionais, sendo que algumas das perguntas que se devem fazer no seu estabelecimento podem ser:

- O que quero ser em um futuro mais distante?
- Qual a força que me impulsiona para esta nova situação?
- Quais são os meus valores básicos (ver seção 3.2) que sustentam esta decisão?
- O que sei fazer de melhor e me diferencia perante os meus concorrentes na vida profissional? (ver seção 5.2).

- Quais são as barreiras que podem surgir nesse meu processo evolutivo e de mudanças?
- Quais as expectativas de mercado que estarei atendendo? (ver seção 3.3).
- Como conseguirei o interesse de outras pessoas, me auxiliando nesse processo evolutivo?

Alguns exemplos de frases da visão das pessoas em seus planos de carreira podem ser:

- Ser referência em questões estratégicas e organizacionais das empresas.
- Ser um profissional com rápida evolução na carreira escolhida.
- Ser uma pessoa que saiba liderar, com plena qualidade, as pessoas com quem trabalha.
- Ser um profissional que trabalhe toda a vida na mesma empresa.
- Ser o empreendedor de um negócio próprio.
- Ser reconhecido como um profissional com elevado conhecimento na área empresarial escolhida.

Para você pensar: estabeleça uma frase que represente a sua visão como profissional de empresa.
E fazer amplo debate dessa frase.

3.2   Etapa 1.2: Estabelecimento dos valores pessoais

Foi verificado que **valores** representam o conjunto de princípios, crenças e questões éticas fundamentais de uma pessoa – individualmente ou em equipe –, os quais fornecem sustentação a todas as suas principais decisões.

A prática tem demonstrado que o debate e a consolidação de fortes e sustentados valores são de elevada importância para a maior qualidade do processo e dos resultados proporcionados pelo plano de carreira.

As frases da visão e dos valores pessoais, desde que verdadeiras e respeitadas, servem também – e muito bem – para consolidar a *personalidade* profissional e o nível de atratividade de cada pessoa perante o mercado *comprador* de seus serviços, representado pelas empresas e as instituições em geral.

Os valores de uma pessoa devem ter forte interação com as suas políticas de atuação (ver seção 7.1) e suas questões éticas e morais (ver seção 7.2); e, se esses valores forem efetivamente verdadeiros, servem, também, de sustentação da vantagem competitiva da pessoa (ver seção 5.2).

Alguns exemplos de frases de valores pessoais, para melhor entendimento pelos leitores, são:

- Ser ético em todos os atos pessoais e profissionais.
- Ter o aprendizado contínuo e o conhecimento geral e especializado como bases de sustentação da evolução profissional.
- Ter vantagem competitiva real, sustentada e duradoura no mercado de trabalho.
- Ter respeito às diversidades éticas, religiosas e políticas nos ambientes onde se convive.
- Procurar aprender com os outros, bem como disseminar os seus conhecimentos para outras pessoas.

Para se posicionar: estabelecer algumas frases que representem os seus valores pessoais.
E debater essas frase com pessoas que o conhecem bem.

3.3 Etapa 1.3: Identificação de oportunidades e ameaças

Foi verificado, na seção 2.1, que as **oportunidades** são situações, incontroláveis pelas pessoas, que o mercado apresenta em determinados momentos, os quais podem favorecer os planos de carreira, desde que reconhecidas e aproveitadas, satisfatoriamente, enquanto perduram.

Essa questão da identificação e análise de oportunidades que existam no mercado de trabalho pode ser efetuada em dois momentos, cada um com suas vantagens para a realidade específica de cada pessoa.

A vantagem de realizar esta análise no momento inicial da elaboração do plano de carreira é de *abrir o leque* de opções para o leitor.

Mas lembre-se: um conjunto maior de opções para direcionar a sua carreira exige uma qualidade e intensidade de análise muito forte por parte do leitor; inclusive quanto aos critérios de escolha das melhores oportunidades.

O outro momento de se realizar a identificação e análise das oportunidades existentes no mercado de trabalho é após o estabelecimento de sua missão – ou campo de atuação – e os focos específicos de atuação (ver seção 4.3).

A vantagem de realizar a identificação das oportunidades nesse momento posterior do plano de carreira é inerente a uma maior facilidade e rapidez de análise.

Este autor preferiu apresentar, na metodologia abordada na seção 2.1, o estabelecimento das oportunidades de forma mais ampla porque tem observado, principalmente junto a alunos universitários, uma forte indefinição quanto ao seu efetivo foco de atuação futuro.

Nesse contexto, é preferível cada pessoa trabalhar com um conjunto maior de opções e ir focando e restringindo o campo de análise, de acordo com as fases e etapas apresentadas neste livro.

Um aspecto a ser evidenciado é que cada leitor deve tomar muito cuidado quanto ao ciclo de vida das oportunidades mais interessantes para ele. Ou seja, deve-se tomar cuidado para que as oportunidades escolhidas, e incorporadas no plano de carreira, perdurem pelo maior período de tempo possível.

Isso para evitar que alguns esforços profissionais de conhecimentos adquiridos comecem a ir *para o ralo*.

Essa questão de alterações no mercado de trabalho pode ser melhor entendida quando interligada com uma questão de fácil entendimento pelo leitor, tal como a remuneração.

No momento de escrever este livro, as áreas das empresas que apresentavam a maior atratividade em termos de remuneração eram: comercial, jurídica, de controladoria, de finanças, de logística, industrial, de gestão de pessoas, o que pode não ser uma realidade quando da leitura deste livro.

Essa movimentação no nível de importância dos cargos é algo natural, mas, em sua grande maioria, os cargos não saem do seu bloco de importância, mesmo quando se considera um período de aproximadamente 40 anos, que corresponde à média máxima da vida profissional ativa das pessoas.

Portanto, fazer uma escolha acertada quanto à sua expectativa profissional é algo fundamental para o seu sucesso posterior, mas também para a sua felicidade pessoal.

Com referência às áreas mais interessantes, em termos de demanda de profissionais – mas também de carências de profissionais –, oferecendo, portanto, remunerações elevadas, têm-se os seguintes negócios: agronegócio, construção civil, logística, meio ambiente e responsabilidade social, mercado de capitais, mineração e petróleo. Naturalmente, esses são exemplos genéricos, e com validade em determinados momentos da economia nacional e internacional.

Mais detalhes a respeito dos tipos de remuneração são apresentados na seção 1.6.2.1.

Do outro lado das oportunidades do mercado de trabalho, existem as ameaças.

Foi verificado, na seção 2.1, que **ameaças** são situações de mercado, incontroláveis pelas pessoas, as quais podem prejudicar o futuro de cada uma, mas que podem ser amenizadas ou evitadas, desde que conhecidas e trabalhadas antecipadamente e/ou com competência.

A identificação e a análise das ameaças no mercado de trabalho seguem a mesma lógica da questão das oportunidades, mas o foco é o *outro lado da moeda*, ou seja, as coisas e situações ruins para a realidade do indivíduo que está elaborando o seu plano de carreira.

Quando você estiver interagindo com as oportunidades e as ameaças existentes no mercado de trabalho, podem ocorrer três tipos de riscos:

- riscos decorrentes da necessidade de o indivíduo ter que acompanhar, preferencialmente em *tempo real*, as evoluções e alterações nas oportunidades e ameaças, pois, caso contrário, apresentará compatibilidade decrescente, até o referido indivíduo ficar incompatível com a realidade do mercado de trabalho;
- riscos decorrentes de não se conseguir identificar quais são o direcionamento, a intensidade e a velocidade das mudanças ou evoluções que irão ocorrer no mercado de trabalho; e
- riscos decorrentes de falta de vocação e capacitação profissional para enfrentar e/ou usufruir as novas situações apresentadas pelo mercado de trabalho.

Para sua análise: identificar duas oportunidades de mercado para a sua vida profissional, explicando como você pretende usufruí-las.
E duas ameaças.
Debater essas quatro questões.

3.4 Etapa 1.4: Debate de cenários

Foi verificado, na seção 2.1, que **cenários** – sempre no plural – correspondem a situações, critérios e medidas para a preparação do futuro das pessoas.

Você deve considerar que, à medida que o mercado de trabalho fica mais turbulento, os cenários se tornam mais importantes para a qualidade dos planos de carreira.

Os cenários podem ser analisados em suas situações de *mais provável*, de *otimista* e de *pessimista*.

Para cada variável analisada – segmento da economia, conhecimento necessário nas empresas –, devem-se estabelecer a vocação e a capacitação profissional (ver seções 4.1 e 4.2), bem como o tempo que você levará para se consolidar em uma situação ideal frente às necessidades das empresas.

Talvez você considere difícil o processo de debate de cenários.

Nesse caso, uma *dica* simples e fácil é você acompanhar debates na televisão sobre a economia nacional, analisar reportagens de jornais e revistas especializadas a respeito da realidade atual e, principalmente, futura inerente aos segmentos da economia – automotivo, mineração, telecomunicação etc. –, bem como às necessidades atuais e futuras das empresas, incluindo as diversas regiões do país e a situação do mercado de trabalho em outros países.

Salienta-se que o conhecimento de cenários tem uma vantagem extra para os indivíduos, no momento da realização de entrevistas de recrutamento e seleção em empresas, pois esses candidatos se apresentam com um entendimento bem mais amplo da realidade empresarial.

> **Para sua análise:** identificar alguns cenários possíveis para a economia e as suas possíveis influências – positivas ou negativas – em sua vida profissional.

3.5 Sugestões práticas para a otimizada análise de mercado

Você pode considerar algumas sugestões práticas que, efetivamente, facilitam e otimizam a sua análise do mercado de trabalho, principalmente quanto à identificação de oportunidades a serem inseridas em seu plano de carreira.

Estas sugestões são:

a) Procurar um equilíbrio otimizado entre a realidade de mercado e a sua efetiva vocação profissional

Se a profissão escolhida se basear, unicamente, na questão do mercado de trabalho, pode ser que o final dessa decisão seja bastante infeliz e problemática.

O mercado de trabalho é cíclico e, portanto, pode mudar radicalmente em um período de quatro a cinco anos.

Nesse contexto, quando você se formar em um curso universitário, pode ser que não encontre a mesma realidade de mercado de trabalho, de quando estava realizando o vestibular.

Entretanto, quando existe real vocação para uma determinada atividade profissional, as pessoas trabalham com prazer e se mantêm atualizadas com as novas realidades de mercado, dentro da atividade profissional escolhida.

Ou seja, quando as pessoas sabem escolher as suas preferências profissionais, elas têm maior facilidade de se adaptar – e, até, de se antecipar – às mudanças no mercado, usufruindo, com maior intensidade, as oportunidades de mercado e contornando as ameaças que porventura podem surgir, quer essas sejam atuais ou visualizadas em cenários futuros.

b) Lembrar que a vida útil das pessoas está cada vez mais longa

Os jovens de hoje estarão numa fase altamente criativa e produtiva quando tiverem 60, 70 ou mesmo 80 anos de idade.

E surge uma questão: "Quem escolhe uma profissão com dúvidas ou sem saber *onde está se metendo*, será que vai viver infeliz e frustrado todo este período de vida profissional útil?"

Se você tiver dúvidas sobre a área da empresa, a empresa, a cidade ou qualquer outra questão quanto ao seu futuro, lembre-se do ditado: "O melhor lugar do mundo é aquele que você pode ajudar a ficar ainda melhor".

Deve-se lembrar das previsões de Ray Kurzweil (2000, p. 34), para a qual todas as doenças terão cura a partir de 2040 e, portanto, a longevidade das pessoas passará para patamares elevadíssimos.

Evidentemente, devem ser poucos os leitores que acreditam nessa previsão, inclusive quando Kurzweil reduziu o seu *leque visionário* para os computadores e máquinas em geral.

De qualquer forma, é factível se acreditar em constantes evoluções nos vários conhecimentos existentes no mundo atual.

c) Entender e assimilar o atual contexto de globalização

A atual realidade – irreversível – do mercado mundial consolidou a interdependência entre nações, substituindo os espaços nacionais de concorrência pelos internacionais, o que acelerou todos os processos de competição, inclusive entre profissionais para um mesmo cargo ou função em uma empresa.

d) Saber trabalhar com as modernas tecnologias

Esta questão de interação com as modernas tecnologias tem dois contextos:

- um refere-se ao nível de conhecimento que se possui de uma determinada tecnologia – informática, por exemplo – e, portanto, ela pode representar um diferencial competitivo; e
- outro que se refere à situação em que elevada tecnologia – automação, por exemplo – pode reduzir o nível de emprego, bem como aumentar os seus níveis de temporalidade e vulnerabilidade.

e) Ser leal

Esta é uma questão que está se tornando cada vez mais complexa pelas seguintes situações:

- os elevados níveis de tecnologia aplicados pelas empresas estão tornando, em algumas áreas, as pessoas *descartáveis*, o que tem alterado o significado das relações de trabalho, bem como os critérios de sobrevivência e de lealdade das pessoas para com as empresas onde trabalham; e
- como consequência, muitas pessoas deixam de ser leais às empresas e ficam leais apenas a si próprias. Nesse contexto, o processo de se desenvolver profissionalmente, bem como adquirir novos conhecimentos, é apenas para proveito próprio, quer seja na atual empresa ou em uma nova empresa onde enviará o seu currículo.

Nessa realidade, a ligação entre as pessoas e as empresas onde trabalham se torna uma *linha muito tênue*, e os leitores devem tomar cuidado ao atuarem nesta situação, pois muitas vezes as consequências são problemáticas.

f) Preservar a individualidade com inteligência

O indivíduo é o foco central de qualquer assunto administrativo nas empresas.

Quanto a essa afirmação parece não haver dúvidas; mas o problema pode estar em como as pessoas trabalham essa questão nas empresas.

Isto porque, por exemplo, existem estudos que confirmam que os trabalhos realizados por equipes multidisciplinares são os mais produtivos, pois cada um está "aprendendo com o outro".

Portanto, o ideal é cada leitor fazer o seu plano de carreira básico com o máximo de informação que tiver à sua disposição e, depois, debater com seus amigos, principalmente os que sejam profissionais de empresas, tomando o máximo de cuidado para não receber uma *influência problemática*, a qual só vai atrapalhar a qualidade do seu plano de carreira, bem como direcionar o leitor para uma situação profissional que não seja a mais interessante e esperada por ele.

g) Ter foco e força de vontade

Os leitores devem ter a capacidade, as habilidades e os conhecimentos necessários para alcançar os seus ideais, consolidando suas carreiras conforme seus potenciais e vontades.

Embora essa seja uma afirmação inquestionável, na prática são vários os casos em que pessoas são levadas, por culpa própria, para caminhos profissionais totalmente desinteressantes.

h) Saber montar e trabalhar com *networking*

Você deve saber montar e, principalmente, saber trabalhar com uma otimizada rede de relacionamento.

Algumas *dicas* são:

- tenha o seu plano de carreira concluído, com as versões completa e resumida (essa para ser entregue para pessoas de seu relacionamento);
- liste um conjunto de empresas nas quais gostaria de trabalhar (e que tenham o perfil de acordo com o seu plano de carreira);
- identifique, de forma direta ou indireta, via amigos, um conjunto de profissionais que trabalham ou tenham acesso nessas empresas, preferencialmente junto a quem toma decisões nessas empresas;
- dedique boa parte do seu tempo para conversar com essas pessoas, mas nunca solicite emprego, podendo, no máximo, debater o seu plano de carreira; e

- faça com que essas pessoas entendam a sua vantagem competitiva (ver seção 5.2), ou seja, deixe registrada a sua "marca".

i) Ter, pelo menos, um *guru*

A prática tem demonstrado a validade de se ter um guru, ou seja, alguém que você tem como referência para a sua vida profissional.

Embora alguns estudiosos do assunto questionem essa situação, acredito valer a pena você considerar essa possibilidade e, mais ainda, saber aplicar o *benchmarking* perante a atuação desse guru.

> **Benchmarking** é o processo de identificação e de incorporação do conhecimento prático de outras pessoas, tendo a inteligência profissional de passar a aplicar esses conhecimentos com resultados melhores do que aquelas outras pessoas.

Um exemplo *jocoso* de *benchmarking*, que não deve ser aplicado pelo leitor, é, em uma prova de avaliação realizada em um curso qualquer, um aluno mediano *colar* do melhor aluno da classe e tirar nota melhor do que esse.

Para seu posicionamento: debater o seu posicionamento perante as nove sugestões práticas para a otimizada análise do mercado de trabalho.
E identificar possíveis evoluções que poderá ter a respeito desses assuntos.

Resumo

O foco deste capítulo foi a primeira fase da metodologia apresentada no capítulo anterior, correspondendo à análise do mercado atual e futuro.

O básico, neste momento, é você conseguir identificar oportunidades no mercado de trabalho que estejam interativas com a sua vocação básica, a qual é analisada no capítulo subsequente.

A análise do mercado de trabalho não é algo fácil ou difícil por si só, mas é um estudo amplo e, em alguns casos, até complexo, o que leva muitos *preguiçosos* a não realizar essa importante tarefa em sua vida profissional.

Os trabalhos inerentes à análise de mercado, para uma situação de resultados otimizados para o leitor, podem ser desenvolvidos em quatro etapas, com finalidades bem definidas e interligadas, a saber: estabelecimento da visão, estabelecimento dos valores pessoais, identificação de oportunidades e ameaças no mercado de trabalho, bem como o debate estruturado de cenários que devem ou podem ocorrer no futuro desse mercado de trabalho.

Para facilitar a vida do leitor foram apresentadas algumas sugestões práticas para a adequada análise do mercado de trabalho, a saber: ter equilíbrio entre a realidade de mercado e a efetiva vocação profissional, lembrar que a vida útil das pessoas está cada vez mais longa, entender o contexto de globalização, saber trabalhar com as modernas tecnologias, ser leal, preservar a individualidade com inteligência, ter foco e força de vontade, saber montar e trabalhar com *networking*, bem como ter, pelo menos, um *guru*.

Questões para debate

1. Debater o procedimento ideal para você realizar a análise de mercado, quando da elaboração de seu plano de carreira.

2. Debater a questão do estabelecimento da visão das pessoas quanto ao seu futuro profissional.

3. Debater o processo de identificação e de explicitação dos valores pessoais quanto às suas atividades profissionais nas empresas.

4. Debater o procedimento ideal para a identificação de oportunidades e de ameaças no mercado de trabalho.

5. Debater a questão de estabelecimento e de aplicação de cenários no futuro das pessoas.

6. Debater as sugestões práticas que você deve considerar para a otimizada análise de mercado.

7. Identificar outras sugestões para a melhor qualidade do plano de carreira quanto à análise de mercado e de identificação de oportunidades.

Caso:

"Fulano de Tal quer conhecer o mercado atual e futuro, com suas oportunidades e ameaças, bem como se o mesmo está compatível com a sua visão e os seus valores pessoais."

Neste momento Fulano de Tal precisa começar a detalhar cada uma das fases e etapas da metodologia de elaboração e aplicação do plano de carreira.

Lembre-se do nível de facilidade ou de dificuldade que Fulano de Tal tem para o desenvolvimento de cada etapa, conforme você estabeleceu no "caso" do capítulo anterior.

Fulano de Tal não sabe o que quer ser no futuro, mas tem uma *leve ideia* de que uma situação interessante poderia "ser feliz".

Você explicou que essa questão de "ser feliz" se encaixa mais no conjunto de valores pessoais, e não em uma visão de carreira profissional.

Ele concordou e pediu a sua ajuda, sendo que a frase da visão ficou: "ser um profissional com fortes conhecimento e reconhecimento no campo da tecnologia da informação".

Você explicou que, como fase inicial, está adequada, mas considera importante que ela seja debatida ao longo da elaboração do plano de carreira e, se necessário, realizar os devidos aprimoramentos.

Com referência aos valores pessoais, você explicou que o próprio Fulano de Tal é que deve escrever as frases, pois é algo de foro pessoal. Ele concordou e ficou de entregar algumas frases referentes aos valores pessoais dois dias depois.

Quando receber as frases propostas, você deve debater os valores pessoais de Fulano de Tal, verificando se a visão corresponde a um *guarda-chuva* destes valores pessoais, ou seja, se existe interligação entre as diversas frases elaboradas.

Quanto ao estabelecimento de oportunidades e ameaças decorrentes do mercado de trabalho, você deve ajudar Fulano de Tal a listar, no mínimo, três oportunidades e três ameaças.

Conforme explicado no texto, essas oportunidades e ameaças devem ser genéricas ao mercado de trabalho, pois Fulano de Tal ainda não determinou os seus focos ou áreas de atuação, o que fará apenas no desenvolvimento do "caso" do capítulo seguinte.

Com referência aos cenários, você pode identificar três situações que podem estar acontecendo no mercado de trabalho, em um futuro mais distante.

É interessante você separar essas frases de cenários em situação mais provável, situação otimista – a mais interessante para a sua realidade e do Fulano de Tal – e situação pessimista.

Você pode encerrar o debate desse "caso" com a apresentação de algumas sugestões para o Fulano de Tal consolidar uma análise de mercado, tendo em vista o que foi preparado e proposto por vocês nesse momento.

Capítulo 4

Análise da sua vocação e capacitação

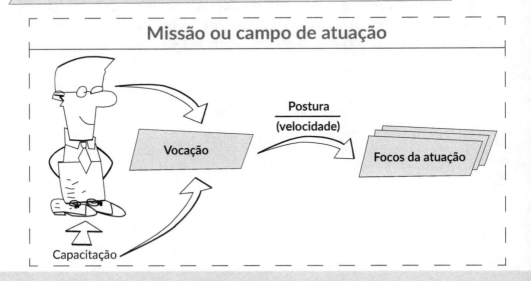

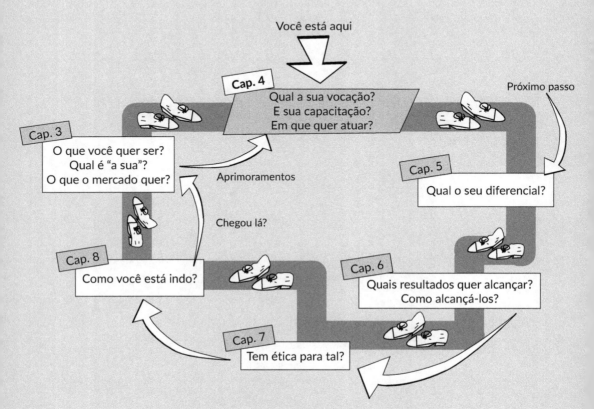

Capítulo 4
Fase 2 da metodologia: Análise da vocação e da capacitação profissional

> "A maior recompensa do nosso trabalho não é o que nos pagam por ele, mas aquilo em que ele nos transforma."
> *John Ruskin*

Neste capítulo, o foco é a análise da vocação e da capacitação profissional do leitor, correspondendo à fase 2 da metodologia de elaboração e aplicação do plano de carreira apresentada na seção 2.1.

Existe uma diferença fundamental com o apresentado no Capítulo 3, pois esse aborda questões não controláveis pelo leitor, enquanto todo o conteúdo do Capítulo 4 se refere a situações controláveis pelo leitor.

Ou seja, o presente capítulo mostra "quem é quem", tanto no momento atual, como, mais importante, no momento futuro. E, muito importante, não permite a existência de *bengala* para os problemas e deficiências pessoais.

A prática tem demonstrado que as pessoas que dão a devida atenção ao conteúdo deste capítulo e o aplica em suas vidas profissionais consolidam os melhores resultados em seus planos de carreira.

Além das questões da vocação e da capacitação das pessoas, este capítulo também analisa a área de atuação de cada leitor, ou seja, onde você vai aplicar a sua vocação e a sua capacitação. Essa questão corresponde à missão e aos focos de atuação profissional de cada indivíduo.

Também é abordada a questão da velocidade com que você pode e vai aplicar a sua vocação e capacitação nas áreas de atuação escolhidas, ou seja, a sua postura estratégica.

Ao final da leitura deste capítulo, você terá plena facilidade de responder a algumas questões:

- Como devo realizar a análise de minha vocação para diferentes atividades efetuadas pelas empresas?
- Como posso fazer a análise de minha capacitação profissional de maneira verdadeira e justa?
- Como posso estabelecer a minha missão profissional e os focos de atuação nas empresas?
- Como posso estabelecer minha postura estratégica em direção aos focos de atuação?
- Quais são algumas das principais sugestões para realizar, adequadamente, as análises da vocação e da capacitação profissional?

4.1 Etapa 2.1: Análise da vocação profissional

Foi verificado, na seção 2.1, que **vocação profissional** é o ato de explicitar uma predestinação de um talento ou aptidão para uma atividade, de maior ou menor abrangência, que proporciona sustentação para o desenvolvimento profissional, com qualidade de vida, das pessoas.

Para facilitar a análise da vocação profissional por cada um dos leitores, pode-se considerar que ela tem quatro partes integrantes e dois fatores de influência.

a) Partes integrantes da vocação profissional

A análise e a avaliação da vocação profissional pode considerar quatro partes, conforme apresentado na Figura 4.1:

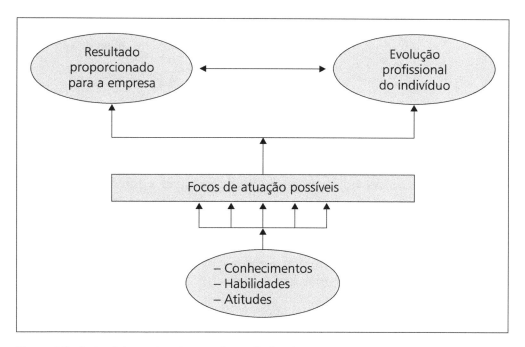

Figura 4.1 Partes integrantes de vocação profissional.

Essas quatro partes integrantes da vocação profissional são:

- conjunto dos conhecimentos, habilidades e atitudes de cada pessoa (ver seção 2.2);

- elenco de possíveis focos de atuação, de acordo com análises efetuadas (ver seção 4.3), se consolidando em um foco específico;
- resultados que você está efetivamente proporcionando para a empresa onde trabalha; e
- evolução profissional que você está tendo, com base em avaliações de desempenho realizadas (ver seção 8.1).

b) Fatores de influência da vocação profissional

Podem ser considerados dois fatores de influência, conforme apresentado na Figura 4.2:

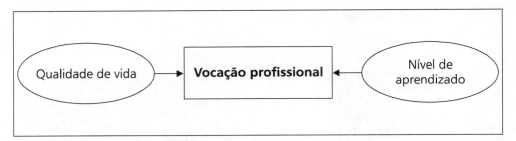

Figura 4.2 Fatores de influência da vocação profissional.

Verifica-se que esses fatores de influência da vocação profissional são:

- qualidade de vida, que corresponde ao nível e intensidade em que uma pessoa se *sente bem* com as suas atividades profissionais alocadas em sua realidade pessoal; e
- nível de aprendizado, que corresponde à intensidade e velocidade de absorção de conhecimentos necessários para o melhor desempenho de suas atividades profissionais.

Ou seja, o quanto mais a pessoa aprende e tem a oportunidade de aplicar os seus conhecimentos em suas atividades profissionais, mais ela se sente realizada e motivada para, cada vez mais, se aperfeiçoar de forma sustentada; e essa situação contribui diretamente para a melhoria de sua qualidade de vida.

O caminho inverso do raciocínio apresentado também é válido, pois uma situação de qualidade de vida – em seu contexto geral – contribui diretamente para que as pessoas estejam motivadas para o processo de aprendizado e melhoria de sua atividade profissional.

Portanto, quando o indivíduo sabe administrar esses dois fatores de influência, a sua vocação profissional pode ser considerada a ideal e, consequentemente, a sua evolução profissional deverá ser mais lógica, simples, rápida e sustentada.

> **Para sua análise inicial:** analisar e debater a sua possível vocação básica; e, talvez, uma vocação secundária.
> Explicitar exemplos e justificativas para tal análise.

4.2 Etapa 2.2: Análise da capacitação profissional

Na seção 2.1, verificou-se que **capacitação profissional** é a habilidade de identificar, adquirir e aplicar conhecimentos – conceituais, metodológicos e técnicos – em processos e atividades de sua área de atuação na empresa.

Ela corresponde, na prática, à aprendizagem gradativa, acumulativa e sustentada ao longo do tempo.

A sustentação da capacitação profissional é proporcionada pelos conhecimentos, habilidades e atitudes que representem pontos fortes do indivíduo. A esse respeito, ver alguns exemplos na seção 2.2.

E como os pontos fortes são situações controláveis conseguidas pelas pessoas, ou seja, elas têm ou não têm competência e/ou interesse em consolidar esses pontos fortes, verifica-se que o nível de capacitação profissional é, antes de mais nada, uma escolha de cada uma delas.

Embora essa frase possa parecer *dura* para a realidade de algumas pessoas, não podemos esquecer que elas apresentam, mesmo para realidades pessoais idênticas, diferentes níveis de capacitação profissional.

Não se pode esquecer que, do outro lado dos pontos fracos das pessoas, existem, em maior ou menor número, os seus pontos fortes, que também são situações controláveis, os quais, com maior ou menor esforço, podem eliminar aqueles pontos fracos – conhecimentos, habilidades e atitudes – que estão atrapalhando a sua evolução profissional.

> **Para seu posicionamento:** explicar, com exemplos e justificativas, como você vai trabalhar e aprimorar, de forma sustentada, a sua capacitação profissional.

4.3 Etapa 2.3: Identificação da missão e dos focos de atuação

Nessa etapa do processo de elaboração e aplicação do plano de carreira, você deve se preocupar com dois assuntos fortemente interligados.

O primeiro é a **missão**, que corresponde ao espaço em que cada pessoa atua e a explicitação dos públicos que atende, ou seja, é a razão de ser de cada pessoa.

O estabelecimento da missão, tal como as outras fases e etapas da metodologia apresentada na seção 2.1, é um processo altamente interativo, ou seja, cada fase ou etapa anterior ou posterior está ajudando a aprimorar a fase ou etapa considerada.

Nesse contexto, o estabelecimento da missão de uma pessoa deve responder a algumas perguntas que já foram anteriormente analisadas, bem como algumas perguntas a serem analisadas posteriormente.

Algumas destas perguntas são:

- Qual a minha razão de ser como estudante e/ou profissional de empresas?
- Para quais atividades das empresas devo concentrar meus esforços ao longo do tempo?
- Qual a vantagem competitiva que pretendo ter perante as outras pessoas que concorrem ao mesmo cargo nas empresas?
- Quais os diferenciais de conhecimentos, habilidades e atitudes que são necessários para consolidar a vantagem competitiva que eu pretendo ter no mercado de trabalho?
- Qual a região geográfica em que pretendo atuar?
- Qual a imagem que tenho de mim e pela qual quero ser reconhecido no mercado de trabalho?
- Quais as necessidades sociais que pretendo atender?
- Quais são e devem ser os meus valores pessoais?

Verifica-se que essas questões são bem genéricas, bem como facilitam o delineamento dos principais assuntos a serem considerados na elaboração e aplicação do plano de carreira pelos leitores deste livro.

Quando uma pessoa responde a perguntas desse tipo, provoca a seguinte situação:

Fase 2 da metodologia: Análise da vocação e da capacitação profissional | 113

- a definição dos focos de atuação prioritários – assunto apresentado a seguir –, em que devem ser direcionados os esforços para maior capacitação profissional; e
- a certeza de que os esforços e conhecimentos direcionados aos focos de atuação prioritários serão bem-sucedidos.

Sem querer influenciar você, mas apenas como ilustração, podem ser consideradas, como exemplos genéricos, as seguintes frases inerentes à missão de uma pessoa em seu plano de carreira:

- Atender às necessidades e expectativas das empresas em questões estratégicas e organizacionais.
- Atender às necessidades das empresas na consolidação de processos administrativos direcionados para resultados efetivos.
- Atender e suplantar as necessidades das empresas em processos decisórios otimizados.

Naturalmente, conforme já evidenciado, qualquer exemplo inerente a qualquer parte do plano de carreira deve estar perfeitamente interligado com o estabelecido em cada uma das seis fases e 17 etapas do plano de carreira.

O segundo assunto abordado nesta seção corresponde aos focos de atuação de cada indivíduo.

> **Focos de atuação** correspondem aos segmentos de mercado e/ou capacitações profissionais para os quais cada pessoa direciona os seus esforços e sua inteligência.

O adequado estabelecimento dos focos de atuação exige um esforço das pessoas quanto a leituras sistemáticas de jornais, acompanhamento de debates de economia e negócios na televisão e outras atividades inerentes a conhecimentos gerais.

O estabelecimento dos focos de atuação pode ser direcionado a segmentos de mercado ou tipos de empresa, tais como:

- empresas de energia;
- empresas de telefonia;
- empresas de papel e celulose;
- empresas do setor automotivo;

- empresas familiares;
- empresas-sociedade de economia mista;
- empresas públicas;

Organizações não governamentais (ONGs);

- empresas de tamanho grande;
- empresas de tamanho médio;
- empresas de tamanho pequeno;
- empresas nacionais; ou
- empresas multinacionais.

O estabelecimento dos focos de atuação também pode ser direcionado a áreas da empresa, tais como:

- marketing;
- finanças;
- produção;
- gestão de pessoas;
- planejamento;
- estruturação organizacional;
- processos administrativos;
- logística; ou
- qualidade.

Naturalmente, pode e deve ocorrer um cruzamento entre segmentos de mercado ou tipos de empresas com áreas da empresa, para se consolidar o foco de atuação escolhido.

O conjunto da visão (ver seção 3.1), dos valores (ver seção 3.2), da missão e dos focos de atuação podem representar uma *bússola* na vida das pessoas, a qual orienta uma pessoa (representada por um navio).

A bússola vai permitir que o navio faça sua viagem de maneira planejada.

O navio pode precisar desviar a rota para fugir de uma tempestade, diminuir a velocidade num nevoeiro ou, mesmo, parar diante de um terrível furacão. O indivíduo pode precisar desviar seu rumo profissional provocado por ameaças no mercado de trabalho, diminuir seu ritmo de avanço a um resultado, devido a determinados pontos fracos, ou mesmo parar de atuar num segmento de mercado, em virtude de uma ação de vários outros profissionais mais capacitados.

O navio pode ter de parar num novo porto para vender sua carga no meio do percurso ou, mesmo, por causa de defeito em suas máquinas. O indivíduo pode usufruir de oportunidades que aparecem inesperadamente ou, ainda, apresentar um problema grave em seus trabalhos junto a alguma área funcional da empresa (produção, recursos humanos, finanças, marketing).

O navio, apesar de todos os problemas e sucessos, acaba navegando no mar ou oceano estabelecido e atracando no porto de destino. O indivíduo, com todas as oportunidades e ameaças do mercado de trabalho, bem como sua situação interna, tem um campo de atuação definido, representado por sua visão e sua missão, assim como por focos de atuação atuais ou potenciais, sustentados pelos seus valores pessoais.

 Para você pensar: explicitar, com detalhes e exemplos, como a *bússola* orientativa de sua vida profissional vai funcionar?

4.4 Etapa 2.4: Estabelecimento da postura estratégica

Já foi verificado, na seção 2.1, que **postura estratégica** é o nível de *aceleração* de cada pessoa para os seus focos de atuação, em sua realidade atual ou futura.

A postura estratégica de um indivíduo é analisada pelo cruzamento entre a situação – positiva ou negativa – das oportunidades e ameaças que ele enfrenta no mercado de trabalho, e a situação – positiva ou negativa – de sua capacitação profissional, representada pelos seus pontos fortes e fracos.

Desse cruzamento, pode-se ter a situação apresentada no Quadro 4.1:

Quadro 4.1 Posturas estratégicas dos indivíduos.

		Capacitação profissional Predominância de:	
		Pontos fracos	Pontos fortes
Mercado de trabalho	Ameaças	Sobrevivência	Manutenção
Predominância de:	Oportunidades	Crescimento	Desenvolvimento

Pelo Quadro 4.1, verifica-se que a postura estratégica de cada indivíduo pode estar, de forma mais intensa, em uma das quatro situações:

- sobrevivência, quando o indivíduo apresenta predominância de pontos fracos em sua capacitação profissional e o mercado de trabalho está lhe apresentando uma elevada quantidade de ameaças;
- manutenção, quando o mercado de trabalho apresenta mais ameaças do que oportunidades, mas o indivíduo tem um conjunto interessante de pontos fortes – capacitação profissional – para enfrentar essa situação problemática no mercado de trabalho;
- crescimento, quando o indivíduo apresenta baixa capacitação profissional – elevada quantidade de pontos fracos –, mas o mercado de trabalho está *puxando* os profissionais, ou seja, está oferecendo elevada quantidade de interessantes oportunidades; e
- desenvolvimento, quando o indivíduo tem enormes chances de evoluir rapidamente no campo profissional, pois o mercado de trabalho está oferecendo muitas oportunidades, e o indivíduo tem elevada capacitação profissional, com vários pontos fortes, ou seja, ele tem elevada sustentação para consolidar otimizada carreira.

Portanto, cada uma dessas quatro situações estabelece a velocidade com que cada indivíduo pode evoluir em seu plano de carreira.

Parece inquestionável que, o quanto mais cedo cada leitor começar a se preocupar – e aprimorar – com a sua capacitação profissional, mais cedo e com maiores facilidade e qualidade ele consegue chegar ao objetivo profissional estabelecido em seu plano de carreira.

4.5 Sugestões práticas para as otimizadas análises da vocação e da capacitação profissional

Podem ser consideradas as seguintes sugestões práticas:

a) Focar, prioritariamente, as suas preferências pessoais

As poucas pessoas que elaboram e seguem planos de carreira direcionam seus esforços para maiores remuneração e prestígio pessoal do que para as suas preferências pessoais, as quais são as verdadeiras motivadoras de uma otimizada evolução profissional, considerando-se um período de tempo mais longo.

Não se está afirmando que remuneração e prestígio pessoal não sejam importantes para as pessoas, mas sim que elas devem proporcionar melhor análise para o contexto da sua realidade e, principalmente, das suas expectativas pessoais direcionadas para a evolução de suas qualidades de vida.

Para você pensar: explicar como você pretende ter um equilíbrio otimizado entre as questões profissionais e pessoais.

b) Desenvolver a sua inteligência executiva

A inteligência executiva é uma questão que você deve considerar em seu plano de carreira.

Ela foi estruturada por Justin Menkes (2004, p. 6) e se baseia em três habilidades essenciais: realização das tarefas, trabalho com pessoas e autoavaliação, dentro da estrutura tradicional de aplicação dos testes de Quociente de Inteligência (QI).

Inteligência executiva é a habilidade que um profissional de empresa precisa ter para entender a natureza de um problema e de estruturar a melhor maneira de resolvê-lo.

Portanto, a inteligência executiva serve para identificar "quem é quem" no dia dia de cada empresa.

c) Na escolha da profissão, consolidar uma situação de equilíbrio entre o "ter" com o "ser" e o "fazer"

Embora você possa concordar com a necessidade desse equilíbrio, pode ser que tenha alguma dificuldade de o operacionalizar, de forma otimizada, na sua vida profissional.

O "ter" significa, principalmente, o aspecto da remuneração, correlacionada a alguns benefícios, principalmente direcionados ao prestígio pessoal.

O "ser" significa o *estado de espírito*, ou seja, como cada indivíduo se sente com a profissão, considerando a sua vocação para a atividade considerada. O resultado final desse processo é o nível de qualidade de vida.

O "fazer" significa a aplicação do nível de capacitação profissional de cada pessoa, realizando as tarefas com determinado nível de qualidade e apresentando resultados acima, abaixo ou no ponto esperado pela empresa ou pela pessoa, no caso do plano de carreira.

Em determinados momentos, pode ocorrer um determinado desequilíbrio entre os três aspectos citados, mas cada pessoa deve envidar todos os esforços – inclusive mentais – para que esse equilíbrio se consolide.

Embora não existam estudos científicos que comprovem, pode-se afirmar que esse equilíbrio é a principal sustentação da otimizada evolução na carreira profissional, com qualidade de vida.

Você pode fazer uma lista de itens pessoais para cada assunto – ter, ser e fazer – e procurar, ao longo da elaboração e, principalmente, da aplicação de seu plano de carreira, respeitá-los na plenitude.

A prática tem demonstrado algo interessante: é extremamente normal que alguns itens relacionados na lista inicial sejam aprimorados ao longo da vida profissional, principalmente em seus primeiros anos de aplicação e nos últimos anos de vida útil profissional das pessoas. Esses momentos correspondem à fase do "pensar com maior profundidade" e à fase do "repensar a vida".

d) Tomar cuidado com a profissão *herdada*

A profissão *herdada* ocorre quando os filhos seguem a mesma profissão dos pais, quer seja como decorrência de uma empresa familiar, quer seja da clientela profissional, inerente ao ramo de atuação dos pais.

Entretanto, essa situação não deve ser forçada, pois depende das vocações e aptidões profissionais envolvidas, as quais podem ser completamente diferentes de uma geração para outra.

Essa questão de processo sucessório pode ser analisada, com mais detalhes, no livro *Empresa familiar: como fortalecer o empreendimento e otimizar o processo sucessório*, dos mesmos autor e editora.

e) Saber escolher um processo de orientação vocacional

A orientação vocacional pode ajudar ou atrapalhar a vida profissional das pessoas.

Para ajudar tem que ser muito bem estruturada e abrangente, envolvendo, conforme o caso, até a família do jovem, bem como apresentando, de forma sustentada, a realidade dos diversos grupos de profissões existentes no mercado, incluindo as suas tendências.

f) Ter rápidos processos de aprendizado e desaprendizado

As pessoas devem ser ágeis no processo de aprender, inclusive estudando, analisando e aplicando os conhecimentos com inteligência.

Pode-se considerar que as pessoas que aprendem rápido, geralmente, têm as características de gostar do que fazem, de saber interligar as suas atividades com outras atividades da empresa onde trabalham, bem como de serem competentes em solucionar problemas, com elevada qualidade.

Mas, para que essas pessoas saibam aprender rápido, é necessário que também saibam desaprender rapidamente, abandonando paradigmas e modelos decisórios ultrapassados e sem nenhum valor para os resultados das empresas.

Na prática, pode-se considerar que, para a maioria das pessoas, o processo de aprender rápido é tão difícil como o de desaprender rápido.

Entretanto, quanto mais você trabalhar os três componentes básicos de sustentação do plano de carreira – conhecimentos, habilidades e atitudes (ver seção 2.2) –, com melhor qualidade vai conseguir aprender e guardar o que realmente interessa em sua vida profissional e para as empresas onde trabalha.

g) Ter autoconhecimento

É fundamental cada pessoa ter autoconhecimento de sua realidade pessoal e profissional, sabendo quais são as suas reais competências, os seus pontos fortes, bem como as suas incompetências e pontos fracos, para que possa atuar sobre os mesmos, podendo se desenvolver profissionalmente.

h) Ter educação continuada

Além do autoconhecimento, as pessoas devem planejar um processo lógico, gradativo, sustentado e acumulativo de educação continuada.

Ou seja, nunca se deve parar de aprender. Lembre-se que mentes que não trabalham se atrofiam, levando as pessoas ao ostracismo profissional e à morte mais cedo do que se possa imaginar.

Para seu posicionamento: explicar, com exemplos e justificativas, o seu posicionamento frente às oito sugestões práticas para as otimizadas análises da vocação e da capacitação profissional.

E hierarquizar essas sugestões para a sua realidade pessoal e profissional.

Resumo

Neste capítulo, foram abordados os principais aspectos da fase 2 da metodologia de elaboração e aplicação do plano de carreira, correspondendo à análise da vocação e da capacitação profissional de cada um dos leitores.

Para facilitar, essa fase pode ser desenvolvida em quatro etapas com finalidades bem definidas, a saber: análise da vocação profissional, análise da capacitação profissional, identificação da missão e dos focos de atuação, bem como o estabelecimento da postura estratégica ideal para a realidade específica de cada leitor, quanto à elaboração e aplicação de seu plano de carreira.

Para que você possa desenvolver essa fase dos trabalhos com maior facilidade, também foram evidenciadas algumas sugestões práticas, tais como: focar, prioritariamente, as suas preferências pessoais, desenvolver a sua inteligência executiva, consolidar equilíbrio entre o "ter" com o "ser" e o "fazer", tomar cuidado com a profissão *herdada*, saber escolher um processo de orientação vocacional, ter rápidos processos de aprendizado e de desaprendizado, ter autoconhecimento, bem como ter educação continuada.

Questões para debate

1. Debater a sua vocação profissional com algumas pessoas de seu relacionamento.
2. Debater a sua capacitação profissional – geral e específica para uma atividade empresarial – com algumas pessoas que conhecem a sua realidade atual.
3. Identificar e debater a sua missão como profissional de empresas – atual ou futura –, bem como os focos de atuação de sua escolha.
4. Debater a sua postura estratégica dentro de uma realidade atual e, se possível, também em uma situação futura.

5. Debater as sugestões práticas apresentadas para a otimizada análise da vocação e da capacitação profissional.

6. Identificar outras precauções que você deve considerar para consolidar melhor desenvolvimento profissional em sua realidade vocacional e de capacitação profissional.

Caso:

"Fulano de Tal não conhece a sua real vocação, bem como a sua capacitação, para determinar seu *campo* e forma de atuação como profissional em alguma atividade interessante nas empresas."

No "caso" do capítulo anterior, você auxiliou o Fulano de Tal a ter um entendimento, ainda que geral, do mercado de trabalho.

Agora, é necessário que ele consiga se enquadrar nessa realidade atual e em possíveis situações futuras, a curto, médio ou longo prazo.

Portanto, o primeiro passo é o Fulano de Tal analisar a sua vocação profissional perante as situações de mercado identificadas, quer sejam atuais ou futuras.

Fulano de Tal afirmou com alguma convicção que a sua vocação profissional está correlacionada às atividades das empresas que envolvem elevado nível de tecnologia da informática.

Ele sabe que, nesse caso, a evolução tecnológica é muito forte, mas se sente preparado, e motivado, para acompanhar, entender e aplicar essa evolução nas empresas.

Como você *sentiu firmeza* na colocação de Fulano de Tal, pediu para ele colocar no seu plano de carreira essa decisão tomada.

Mas existe uma dúvida razoável quanto à efetiva capacitação profissional de Fulano de Tal para trabalhar nesse contexto empresarial de fortes e constantes evoluções, inclusive quanto a aplicativos.

Nesse momento, Fulano de Tal *deu uma pensada*, e pediu que você preparasse, ainda que de forma genérica e simplificada, uma forma de avaliação da sua capacitação profissional.

Para facilitar, ele pediu que esse processo respeitasse os componentes do plano de carreira, a saber: conhecimentos, habilidades e atitudes, conforme apresentado no "caso" do Capítulo 2.

Depois desse trabalho, vocês partiram para o estabelecimento da missão e dos melhores focos de atuação para o Fulano de Tal, considerando uma situação ideal quanto ao seu plano de carreira.

Com referência à missão ou razão de ser do Fulano de Tal como profissional de empresas, ele colocou a seguinte frase:

- "Atender às necessidades e expectativas das empresas onde eu trabalhar, quanto ao desenvolvimento e à aplicação de sistemas operacionais voltados à melhoria do processo decisório de seus executivos."

Como primeira versão, você considerou essa frase adequada para a realidade do Fulano de Tal e solicitou, a seguir, o estabelecimento dos focos de atuação dentro da missão estabelecida.

Se você tiver condições, deve estabelecer algumas frases alternativas a essa frase de missão, dentro de sua realidade específica.

Nesse ponto, você deve listar três focos de atuação que se enquadrem dentro do *campo* da frase de missão de Fulano de Tal.

Naturalmente, esses três focos de atuação devem estar condizentes com a frase de missão escolhida por você.

Outro aspecto é que você deve se esforçar em interligar os três focos de atuação, quer seja de forma direta ou indireta entre si.

A seguir você partiu para o estabelecimento da postura estratégica, ou seja, a *velocidade* factível para a realidade do Fulano de Tal para desenvolver a sua carreira em direção à visão estabelecida no Capítulo 3.

Para tanto, você fez um cruzamento entre as oportunidades e ameaças estabelecidas e correspondentes cenários – no "caso" do Capítulo 3 – e a capacitação profissional do Fulano de Tal.

Para encerrar o debate do "caso" neste capítulo, é interessante você listar algumas sugestões que Fulano de Tal deve seguir para melhor realizar os trabalhos inerentes ao seu plano de carreira.

Nessa questão você deve ser o mais criativo possível, tomando o cuidado de ser realista, respeitando a sua situação efetiva como estudante e/ou profissional de empresa.

Essa é uma situação muito importante para proporcionar maior veracidade ao conteúdo deste livro.

E lembre-se de interligar o conteúdo dos diversos casos desenvolvidos neste livro, pois todos eles se referem ao mesmo personagem: Fulano de Tal.

E que este livro pode, em muito, ajudar o desenvolvimento do seu plano de carreira e, consequentemente, de seu futuro como profissional de empresa trabalhando em uma área específica de sua escolha.

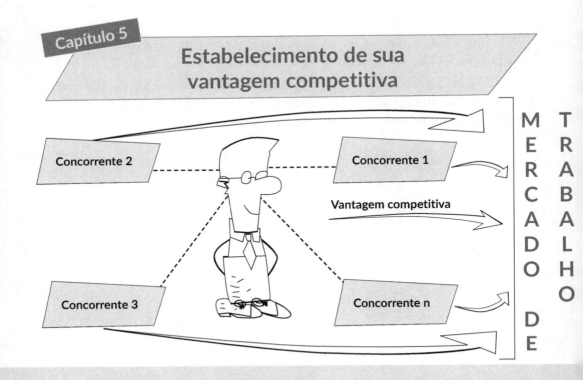

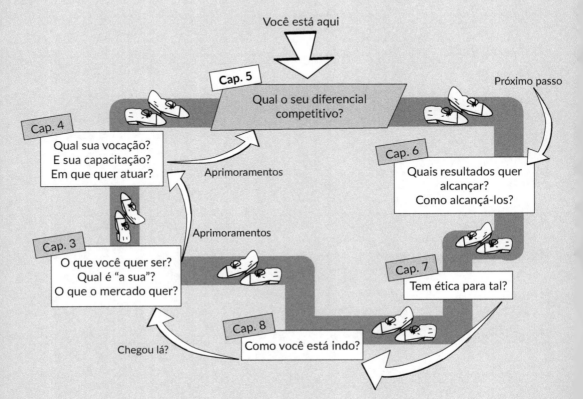

Capítulo 5

Fase 3 da metodologia: Estabelecimento da vantagem competitiva

"Por mais que na batalha se vença a um ou mais inimigos, a vitória sobre si mesmo é a maior de todas as vitórias."

Sakyamuni

Neste capítulo, são apresentados os detalhes da fase 3 da metodologia abordada na seção 2.1, quanto à elaboração e aplicação do plano de carreira.

A fase 3 dessa metodologia aborda a questão do estabelecimento da vantagem competitiva do leitor, ou seja, o diferencial que vai fazer uma empresa *comprar* os seus serviços, em detrimento de outro candidato ao mesmo cargo ou função na empresa considerada.

A questão de saber estabelecer, e de saber explicitar e usar a vantagem competitiva, é de suma importância para qualquer empresa mas, também, para qualquer indivíduo, em suas realidades pessoais e profissionais.

Ao final da leitura deste capítulo, você poderá responder a algumas perguntas, tais como:

- Como pode ser realizada a análise dos concorrentes de uma pessoa?
- Como as pessoas podem estabelecer suas vantagens competitivas?
- Quais são algumas sugestões práticas que podem otimizar o estabelecimento das vantagens competitivas pelas pessoas?

5.1 Etapa 3.1: Análise dos concorrentes

Essa questão da análise dos concorrentes pode ser relativamente fácil e focada ou bastante difícil e dispersa.

A análise dos concorrentes se torna relativamente fácil se ela for realizada com foco em uma atividade profissional específica já escolhida, com convicção, por você.

Na realidade, é isso que se espera quanto à validade do plano de carreira nesse momento, pois você já terá realizado todas as análises macro e específicas do mercado de trabalho e tem pleno conhecimento de sua vocação e do nível de sua real capacitação profissional, quer seja a atual, quer seja a situação futura desejada e necessária para que você consolide uma posição interessante em sua vida profissional.

É por isso que o autor deste livro tem evidenciado, em alguns momentos, a efetiva necessidade de você respeitar a ordem apresentada das fases e etapas da metodologia de elaboração e aplicação do plano de carreira, conforme apresentada, de forma geral e resumida na seção 2.1, e detalhada nos Capítulos 3 a 8.

No contexto específico do autor deste livro, a análise dos concorrentes é relativamente simples e rápida, pois ele apenas tem que acompanhar, com algum nível de detalhe, o que está acontecendo, de maneira geral, no mercado de consultoria empresarial.

Naturalmente, essa facilidade é decorrente, principalmente, do fato de o mercado para os consultores e empresas de consultoria ser relativamente concentrado e, portanto, as informações e os comentários gerais fluem com relativa facilidade, propiciando um nível razoável, mas suficiente, de conhecimento de "quem é quem" e do que essas empresas e profissionais estão, efetivamente, conseguindo conquistar no mercado *comprador* desses serviços de consultoria.

Entretanto, caso o principal foco de atuação escolhido por você esteja alocado no mercado de trabalho de forma genérica, por exemplo, um profissional de tesouraria, de orçamento, de compras etc., deve adotar a seguinte estratégia básica:

- participar, o mais possível, de processos de seleção de candidatos ao cargo/função que você definiu como foco de atuação;
- elencar e, se possível, hierarquizar, os requisitos que as empresas estão utilizando para escolher os seus profissionais nesses processos seletivos. Sem querer influenciar você, posso garantir que um requisito básico é o conhecimento de alguma metodologia inerente ao "como" elaborar e aplicar o assunto administrativo ou técnico considerado; e
- se você for o escolhido ou for um dos rejeitados para o cargo/função na empresa considerada, você deve procurar saber a real causa.

Se você passar por umas três a cinco situações de processo seletivo em empresas diversas, poderá ter um conhecimento interessante dos seus concorrentes.

A prática tem demonstrado que, nesse momento, muitos dos que fizeram plano de carreira *meia-boca* refazem, ajustam e complementam o seu plano de carreira, proporcionando o nível de importância que deveria existir desde o início de sua elaboração.

Para você pensar: Esboçar um processo, ainda que rudimentar, para você realizar uma análise estruturada de seus possíveis concorrentes a um cargo/função em uma empresa.
E aprimorar essa análise até o final da leitura deste livro.

5.2   Etapa 3.2: Estabelecimento da vantagem competitiva

Foi verificado que **vantagem competitiva** é a razão básica pela qual o mercado *compra* os serviços de determinada pessoa, em detrimento de outros profissionais.

A boa vantagem competitiva apresenta algumas características, a saber:

- ser real, ou seja, ela deve ser conhecida pelas pessoas que trabalham na mesma empresa, pelas pessoas que estão selecionando profissionais para determinada empresa e por pessoas de convívio do leitor;
- ser sustentada, ou seja, você deve ter um conjunto de pontos fortes (ver seção 4.2) que proporcionem toda a sustentação para que sua vantagem competitiva seja exercitada na plenitude; e, preferencialmente,
- ser duradoura, para que consolide uma *personalidade* profissional para você, fazendo com que você seja conhecido como um profissional diferenciado quanto aos conhecimentos, e/ou habilidades, e/ou atitudes escolhidos e praticados.

Existem pesquisas que demonstram que o conhecimento de metodologias e técnicas – o "como" fazer – corresponde à principal sustentação das vantagens competitivas das pessoas que iniciam as suas vidas profissionais nas empresas.

Isso porque as pessoas que já trabalham na empresa considerada têm conhecimento de seus negócios, produtos e serviços, ou seja, "o que" a empresa disponibiliza para o mercado.

Existem, também, determinadas habilidades, comportamentos e atitudes que proporcionam maior nível de sustentação para as vantagens competitivas das pessoas.

Nesse contexto podem-se citar:

- criatividade;

- iniciativa;
- trabalho em equipes multidisciplinares;
- administração de situações turbulentas;
- foco em resultados;
- liderança; e
- ética.

Para seu posicionamento inicial: estabelecer, com análise sustentada, a vantagem competitiva que você pretende consolidar como profissional de empresa; e debater e aprimorar essa situação durante a análise deste livro.

5.3 Sugestões práticas para o otimizado estabelecimento da vantagem competitiva

Podem ser consideradas as seguintes sugestões práticas:

a) Respeitar, na plenitude, a metodologia de elaboração e aplicação do plano de carreira

Se você não gostou da metodologia apresentada na seção 2.1, deve pesquisar e estruturar outra metodologia de seu agrado.

Mas lembre-se que é impossível se estabelecer uma vantagem competitiva real, sustentada e duradoura no simples *achismo* e na intuição das pessoas.

b) Ter adaptabilidade

É importante que cada leitor tenha *jogo de cintura* e atitude de adaptação às situações novas que se colocam frente ao desenvolvimento de seu plano de carreira.

Adaptabilidade é a capacidade de mudar posicionamentos – pessoais e profissionais – com qualidade, ajustando-se às novas situações imprevistas nas condições da empresa e no mercado de trabalho.

Entretanto, é lógico que ninguém deve ter elevado nível de adaptabilidade como um fim em si próprio, pois, nesse caso, o seu plano de carreira perde o foco.

c) Ter estruturação do processo de identificação das necessidades da empresa

Ou seja, para se ter adequada vantagem competitiva, é necessário que se saiba o que está sendo procurado e *comprado* por quem está sentado do *outro lado da mesa*.

d) Ter comprometimento

Comprometimento é o processo interativo em que se consolida a responsabilidade isolada ou solidária pelos resultados esperados por si e pela empresa onde trabalha.

Pode parecer *chata* a colocação da necessidade de as pessoas terem que apresentar comprometimento para com a elaboração e a aplicação do plano de carreira, inclusive quanto à sua veracidade, quando esse é um assunto de interesse e de proveito próprio de cada leitor.

Mas o autor acredita que você já entendeu a necessidade desse evidenciamento.

e) Ter criatividade

Criatividade significa procurar o novo, o inovador, quando se consideram as várias situações de uma empresa.

Geralmente, as pessoas apresentam um nível interessante de empreendedorismo e não têm medo de situações novas, em que têm que tomar decisões em situações de risco.

Essa questão da criatividade, desde que apresente resultados efetivos e quantificáveis, é um importante fator de influência para o desenvolvimento profissional das pessoas.

f) Ter competência administrativa

Competência administrativa se refere a saber trabalhar, de forma cada vez mais intensa, nos níveis mais elevados da empresa e, portanto, com maiores responsabilidades, suportando pressões decorrentes de seu cargo e/ou função, bem como a ser bom analista de dados e informações e, principalmente, saber trabalhar com pessoas, quer seja individualmente, quer seja em equipes multidisciplinares.

A competência administrativa, assim como a competência técnica – apresentada a seguir –, estão diretamente correlacionadas ao nível e ao foco de capacitação de cada indivíduo.

Normalmente, existe um determinado nível de desequilíbrio entre essas duas competências – administrativa e técnica – provocado pelo tipo de vocação de cada pessoa.

g) Ter competência técnica

Competência técnica se refere ao foco de atuação de cada profissional, mas com pleno conhecimento de todas as metodologias, técnicas e processos que aquela área funcional específica envolve e necessita.

Portanto, não envolve desenvolvimento de carreira fora de sua área atual de conhecimento e de atuação na empresa.

A competência técnica se refere a pessoas que se sentem felizes em conhecer, cada vez mais, um determinado assunto das empresas.

Portanto, são pessoas leais a uma área de conhecimento e, consequentemente, a sua evolução profissional, se ocorrer, é bastante prazerosa.

h) Ter segurança

Segurança e estabilidade se referem a fatores que influenciam a vida das pessoas que, na realidade, não acreditam muito em si.

Normalmente, são pessoas que têm dificuldade de tomar decisões e, principalmente, em aceitar situações de mudanças – as quais são inevitáveis – nas empresas.

Muitas dessas pessoas chegam ao extremo da insegurança, quando fogem de evoluções profissionais na empresa, pelo simples e forte medo do novo, do desconhecido.

Uma forma de amenizar o problema da insegurança profissional é desenvolver planos de carreira extremamente detalhados.

 Para seu posicionamento: explicar "qual é a sua", com exemplos, quanto à questão de segurança e estabilidade em suas atividades pessoais e profissionais.

i) Ter autonomia

Autonomia e independência representam situações em que os profissionais das empresas procuram ser "eles mesmos", assumindo, na plenitude – espera-se! – as responsabilidades decorrentes de suas decisões.

No fundo, as pessoas querem autonomia para consolidar situações novas e interessantes para a empresa, de acordo com o seu ponto de vista.

Muitas pessoas têm dificuldades em externar o seu nível de autonomia nas empresas, pelo fato de essas procurarem se resguardar quanto a possíveis erros decisórios de alguém que procura autonomia e independência.

Essa situação pode ser uma vantagem, ou uma desvantagem, quando alguém tem plena autonomia decisória em uma empresa de sua propriedade.

Neste caso, o dinheiro e o bolso são seus!

j) Ter desafios

A existência de desafios pode ser uma coisa boa ou ruim para cada pessoa, de acordo com as suas características pessoais.

Acredito, também, que existe forte influência dos níveis de conhecimento e habilidade profissional de cada pessoa, pois só pode aceitar desafios quem tem efetiva competência para tal.

De qualquer forma, é inquestionável que um bom plano de carreira apresenta um conjunto bem forte de desafios pessoais, o que pode ser muito interessante para você!

k) Ter senso de auxílio ao próximo

Nesse caso, as pessoas procuram desenvolver suas atividades profissionais focando o "bem-estar dos outros", não sendo prioritária a sua evolução profissional na empresa.

Podem ser enquadrados nessa situação todos os cargos de uma empresa, tais como administradores, contadores, advogados, médicos, assistentes sociais, entre vários outros.

Essa é uma postura de atuação que, seguramente, auxilia a comunidade, mas pode não ser uma realidade onde o profissional trabalha, gerando um foco de conflito.

Por isso que sempre é necessário cada pessoa saber o que quer da vida pessoal e profissional, antes de iniciar seus trabalhos em uma empresa.

Infelizmente, a maioria só pensa nessa questão depois que já está trabalhando em uma empresa, esquecendo-se de que essa sua postura de atuação poderia ser um ponto forte no momento da entrevista de admissão na referida empresa.

l) Ter integração e harmonia entre as vidas profissional e pessoal

Embora possa parecer sutil essa questão de uma perfeita interação e harmonia, entre a vida na empresa e a vida em família, é de elevada importância no momento da escolha profissional por parte das pessoas.

Entretanto, na prática, essa é uma situação que a grande maioria das pessoas tem dificuldade de enfrentar e de buscar a situação otimizada nesse equilíbrio.

Na prática, somente as pessoas com forte vontade própria, bem como sustentada e diferenciada vantagem competitiva como profissional, conseguem, com facilidade, essa integração e harmonia.

Para seu posicionamento: explicar, com detalhes e exemplos, o seu posicionamento perante as 12 sugestões práticas para o otimizado estabelecimento de sua vantagem competitiva como estudante e/ou profissional de empresas.

E depois hierarquizar, com justificativas, essas sugestões analisadas.

Resumo

Neste capítulo, foram apresentados os principais aspectos que você deve considerar para melhor estabelecer a sua vantagem competitiva no atual mercado de trabalho tumultuado.

Esta fase – nº 3 da metodologia – pode ser desenvolvida em duas etapas perfeitamente interligadas: análise dos concorrentes e estabelecimento da vantagem competitiva que você deve apresentar no mercado de trabalho.

Também foram apresentadas algumas sugestões práticas para que você possa estabelecer, de maneira otimizada, a sua vantagem competitiva no mercado de trabalho.

Questões para debate

1. Debater o processo de análise dos concorrentes.
2. Identificar a sua vantagem competitiva como profissional. Inicialmente, no momento atual, e depois, a vantagem competitiva que você quer ter em um futuro breve, e também distante.
3. Estabelecer as principais ações ou estratégias que você vai desenvolver para consolidar a vantagem competitiva almejada.
4. Debater as sugestões práticas para que você possa consolidar otimizada vantagem competitiva.
5. Identificar outras sugestões práticas que podem ser consideradas para o estabelecimento da sua vantagem competitiva.

Caso:

"Fulano de Tal está encontrando sérias dificuldades de se colocar no mercado de trabalho, pelo fato de não ter – ou não saber se tem – uma vantagem competitiva."

Agora que Fulano de Tal tem todas as informações básicas sobre a sua realidade e a do mercado de trabalho, bem como conseguiu identificar um, dois ou três possíveis focos de atuação, surge a pergunta: "Como se tornar diferenciado nesse mercado competitivo?"

Você deve ajudar Fulano de Tal no processo de estabelecimento de uma vantagem competitiva, respeitando os resultados dos quatro casos anteriores, que seja:

- real, isto é, o mercado tem interesse em *comprar*;
- sustentada, ou seja, Fulano de Tal tem vocação para consolidar, ainda que a curto prazo, essa vantagem competitiva; e
- duradoura, isto é, Fulano de Tal quer ser conhecido, na empresa onde trabalha ou vai trabalhar, por esse diferencial.

É válido que você debata algumas sugestões, tendo em vista toda a realidade analisada de Fulano de Tal, para que ele consiga desenvolver, utilizar e divulgar a sua vantagem competitiva perante os outros colegas e profissionais da área na empresa considerada.

Você pode completar esse caso com as informações e situações que julgar necessárias, mas deve respeitar o conteúdo desse e dos quatro casos anteriores.

Capítulo 6
Estabelecimento de seus objetivos e estratégias de atuação

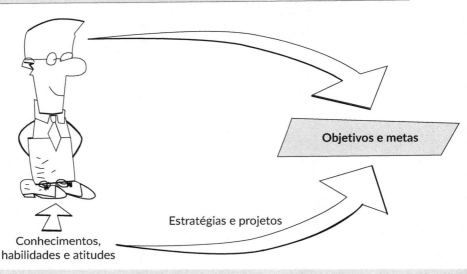

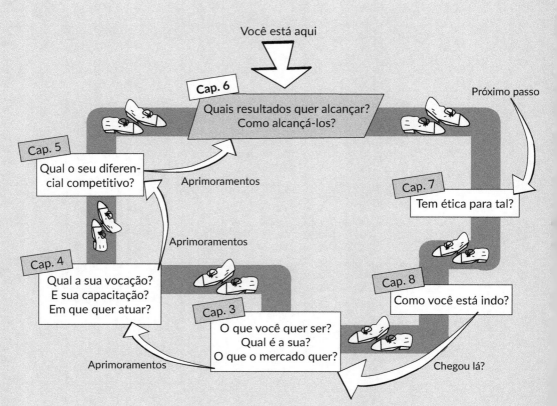

Capítulo 6

Fase 4 da metodologia: Estabelecimento dos seus objetivos e estratégias de atuação

*"Pense grande a respeito de si mesmo,
e o mundo achará que você é aquilo que pensa."*
Autor desconhecido

Neste capítulo, é explicado o processo de estabelecimento dos objetivos e das estratégias para se consolidar o plano de carreira.

Corresponde à fase 4 da metodologia apresentada na seção 2.1, quanto à elaboração e aplicação do plano de carreira pelas pessoas.

Essa questão do estabelecimento dos objetivos e estratégias inerentes ao plano de carreira pode ser entendida como o foco central da referida metodologia apresentada no Capítulo 2.

Acredito que todo e qualquer leitor deste livro concorde com a necessidade de se estabelecerem adequados objetivos – resultados – e estratégias – ações – para o seu plano de carreira.

O problema é que significativa parte das pessoas, ao elaborarem seu plano de carreira, focam, única e exclusivamente, os correspondentes objetivos e estratégias, sendo que estas últimas, geralmente, são analisadas de maneira superficial.

E, nesse caso, o plano de carreira fica *capenga*, pois é necessário considerar os vários aspectos apresentados na seção 2.1, inclusive porque não se pode *marcar bobeira* com análises parciais, quando o assunto é a vida profissional do leitor.

De qualquer maneira, acredito que a forma ideal e simples de se realizar essa tarefa – que é de elevada importância para cada leitor deste livro – é trabalhar com três partes, a saber:

- os objetivos e metas – resultados – que você quer alcançar ao longo de sua vida profissional;
- os conhecimentos, habilidades e atitudes que proporcionam toda a sustentação para o otimizado desenvolvimento e implementação das atividades pelos leitores (assunto que já foi explicado neste livro); e
- as estratégias e projetos de ação e de atuação que serão desenvolvidas para alcançar – e, se possível, suplantar – os objetivos e metas anteriormente estabelecidos por você

Esta situação pode ser visualizada na Figura 6.1:

Fase 4 da metodologia: Estabelecimento dos seus objetivos e estratégias de atuação | 139

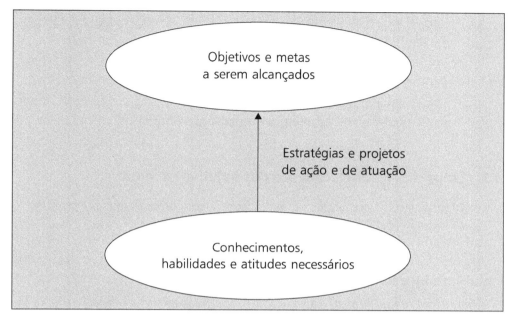

Figura 6.1 Foco central do plano de carreira.

Os conhecimentos, habilidades e atitudes necessários que cada pessoa deve ter foram elencados na seção 2.2.

Não é preciso, neste momento, nos preocupar com as responsabilidades e o perfil de atuação do profissional, pois podem ser considerados os apresentados nos itens III e IV da seção 1.6.1, com posteriores ajustes e complementos de acordo com a realidade de cada empresa onde a referida pessoa trabalha ou pretende trabalhar.

Neste momento, é importante a preocupação com referência aos objetivos e metas a serem alcançados e, principalmente, às estratégias e projetos a serem desenvolvidos e implementados por você que procura se consolidar em uma situação de sucesso, tanto pessoal quanto profissional.

A seguir, são apresentados os aspectos básicos de cada um desses dois assuntos, sem preocupação em estabelecer qualquer ordem de importância, pois o ideal é ler, entender, complementar, debater e aplicar em sua vida pessoal e profissional.

Ao final da leitura deste capítulo, será possível responder a algumas importantes questões, a saber:

- Como devem ser estabelecidos os objetivos e metas – ou resultados – do plano de carreira?
- Como devem ser estabelecidas as estratégias e projetos – ou ações – para se alcançarem os objetivos e metas do plano de carreira?
- Quais são algumas sugestões práticas para o otimizado estabelecimento dos objetivos e estratégias do plano de carreira?

6.1 Etapa 4.1: Estabelecimento dos objetivos e metas

Objetivos são os resultados quantificados e com prazos para serem alcançados pelo profissional em seu plano de carreira.

Os objetivos não devem ser fáceis e nem muito difíceis de ser alcançados; mas devem ser desafiadores para a realidade de cada pessoa.

Os indivíduos podem dividir cada um de seus objetivos em metas, para facilitar a análise da evolução de seu plano de carreira.

Metas são etapas ou passos intermediários para se alcançarem os objetivos do plano de carreira.

Antes de você iniciar o estabelecimento das estratégias e dos correspondentes projetos, abordados na próxima seção do livro, você deve verificar se os objetivos e as metas inerentes ao seu plano de carreira respeitam algumas premissas básicas.

Nesse contexto, os objetivos e metas devem:

- estar entendidos e incorporados pela pessoa que elaborou o plano de carreira, bem como, se possível, por algumas outras pessoas de seu convívio;
- ser específicos para o plano de carreira da pessoa considerada, bem como mensuráveis, realísticos e desafiadores;
- apresentar interligações entre os objetivos – geralmente cada pessoa trabalha com dois ou três objetivos no plano de carreira –, bem como quanto aos outros itens da metodologia de elaboração do plano de carreira (ver seção 2.1);
- estar perfeitamente sustentados pela vocação e capacitação profissional de cada pessoa (ver seções 4.1 e 4.2);

Fase 4 da metodologia: Estabelecimento dos seus objetivos e estratégias de atuação | 141

- estar adequadamente correlacionados às oportunidades de mercado e aos cenários correspondentes (ver seções 3.3 e 3.4); e
- ter interação com um sistema de acompanhamento da evolução profissional do indivíduo (ver seção 8.1).

Para que essas premissas básicas no estabelecimento dos objetivos e metas do plano de carreira sejam respeitadas, é necessário que cada indivíduo tenha motivação para tal.

> **Motivação** é o conjunto de energias e forças internas controláveis pelo indivíduo e que o mantém, permanentemente, direcionado para os objetivos e metas específicos e concretos estabelecidos em seu plano de carreira.

A seguir são apresentadas algumas considerações a respeito da importância e do processo de estabelecimento dos objetivos e metas nos planos de carreira.

I – Importância dos objetivos e metas

O entendimento do nível de importância dos objetivos e metas para o plano de carreira das pessoas pode ser explicitado pelos seguintes aspectos:

- fornecer às pessoas um sentimento específico e adequado de seu *papel* nas empresas;
- dar consistência ao posicionamento do indivíduo – com plano de carreira elaborado –, perante seus colegas de trabalho;
- guiar e estimular o estabelecimento de estratégias e projetos (ver seção 6.2) para a consolidação dos objetivos e metas estabelecidos no plano de carreira;
- estimular o empenho pessoal e a realização efetiva baseada em resultados esperados; e
- fornecer a base para a análise da evolução profissional de cada indivíduo em seu plano de carreira.

II – Estabelecimento dos objetivos e metas

O estabelecimento dos objetivos e metas das pessoas, em seus planos de carreira, pode ser realizado de forma estruturada ou não estruturada.

A forma não estruturada é baseada na intuição de cada um, sendo que esse procedimento, por si só, não é considerado neste livro.

Não se está afirmando que o uso da intuição seja um problema para o plano de carreira das pessoas; mas que seu uso intenso e indiscriminado – o que é praticado pela maioria das pessoas – é algo que pode levar essas pessoas ao caos profissional.

Com referência à forma estruturada de estabelecimento dos objetivos das pessoas, pode-se considerar a interação entre quatro elementos, os quais são constituídos por algumas partes da metodologia de elaboração e aplicação do plano de carreira (ver seção 2.1).

Essa situação pode ser visualizada na Figura 6.2:

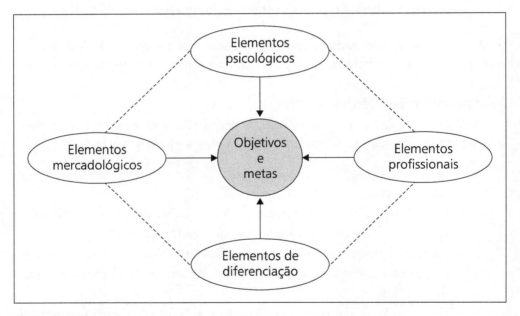

Figura 6.2 Elementos para estabelecer os objetivos e metas.

Verificam-se que os quatro elementos devem estar interligados entre si, para proporcionar maior sustentação ao estabelecimento dos objetivos e metas do plano de carreira de cada indivíduo.

O primeiro elemento é o psicológico que atua como um *guarda-chuva* orientativo para o estabelecimento dos objetivos e metas do plano de carreira.

O elemento psicológico pode ser constituído pela visão (ver seção 3.1), pelos valores (ver seção 3.2), mas também por assuntos que se posicionam, na metodologia apresentada na seção 2.1, depois do estabelecimento dos objetivos, correspondendo às políticas (ver seção 7.1) e ao código de ética profissional (ver seção 7.2), sendo que esse processo interativo e global é de alta valia para a qualidade total do plano de carreira (ver seção 8.3).

Os dois elementos seguintes – mercadológico e profissional – devem ter forte interação entre si, pois é o cruzamento de fatores do mercado de trabalho – não controláveis pelos indivíduos – e os fatores de vocação e capacitação – controláveis pelos indivíduos – que consolida a abordagem estratégica do plano de carreira de cada indivíduo.

No elemento mercadológico, pode-se considerar a identificação de oportunidades e ameaças (ver seção 3.3) e o debate de cenários (ver seção 3.4), sendo importante evidenciar que você deve proporcionar maior importância às oportunidades de mercado do que para as ameaças; ou seja, "*puxe* a sua vida pelo que é bom, e não pelo que é ruim".

O elemento profissional pode e deve envolver principalmente a vocação profissional (ver seção 4.1) e a capacitação profissional (ver seção 4.2), sendo esse elemento o *centro nervoso* do processo de estabelecimento dos objetivos e metas do plano de carreira de cada indivíduo.

Naturalmente, esse elemento também pode considerar a missão e os focos de atuação (ver seção 4.3), os quais delimitam o *campo* dentro do qual você vai atuar em sua vida profissional, bem como a postura estratégica, que estabelece a *velocidade* que você pode dar à evolução de sua carreira profissional (ver seção 4.4).

E, finalmente, tem-se o elemento de diferenciação de cada indivíduo, que corresponde ao estabelecimento da vantagem competitiva perante os outros profissionais do mercado que têm o mesmo foco em seus planos de carreira, quer esses estejam ou não elaborados e formais (ver seção 5.2).

Com referência ao estabelecimento dos objetivos e metas do plano de carreira, deve-se considerar que esses podem ser:

- de obtenção, correspondendo a algo que você não possua no momento. Por exemplo, aumentar o nível de conhecimento de um determinado assunto administrativo de importância para a evolução de seu plano de carreira; e
- de manutenção, quando você quer manter uma situação ou algo que já tem no momento. Como exemplo, pode-se citar a manutenção do atual cargo ou função desempenhada por você na empresa.

III – Passos básicos para o estabelecimento de objetivos e metas

Nesse momento, é válido apresentar alguns aspectos a respeito do processo de estabelecimento dos objetivos e metas do plano de carreira de cada um dos leitores deste livro.

Mas lembre-se de uma *dica* prática: o estabelecimento dos objetivos deve ser consequência de todas as análises realizadas nas três fases anteriores da metodologia de elaboração e aplicação do plano de carreira (ver seção 2.1).

O primeiro passo é estabelecer objetivos genéricos quanto ao seu plano de carreira, correlacionando-os, principalmente, ao seu "sonho profissional" – não gosto desse termo, apesar de muitas pessoas o utilizarem – para que consiga ter uma orientação geral quanto ao seu possível futuro, ou seja, pelo que você vai lutar, preferencialmente com elevada força de vontade.

Nesse momento, você pode considerar cinco aspectos, em ordem sequencial, a saber:

- primeiramente, estabeleça o que você *quer da vida*, criando cenários de curto, médio e longo prazos, com você atuando nesses contextos. Pense, da forma mais racional possível, em qual ambiente você prefere atuar, se na área comercial, industrial ou de serviços. Não precisa se preocupar, neste momento, com o segmento da economia – automotivo, farmacêutico, petroquímico etc. –nem em qual área da empresa – finanças, marketing etc. – você tem maior interesse;
- a seguir, idealize as pessoas com quem gostaria de ou vai trabalhar; se estão no nível estratégico, tático ou operacional ou se os seus trabalhos propiciarão uma interação entre os três níveis considerados;
- depois, estabeleça se você prefere – e se tem vocação e capacitação – liderar pessoas ou, simplesmente, se prefere interagir com elas e com processos e atividades definidos. Analise, também, se você se dá melhor criando ou seguindo regras, políticas e processos estabelecidos pelas empresas;
- em seguida, pense em detalhes gerais, tais como: se prefere viajar muito a serviço da empresa, inclusive viagens internacionais, ou se prefere trabalhar nas instalações da empresa, se gosta ou não de ter contatos com muitas pessoas, se a sua vocação é para consolidar resultados ou se é dar apoio às outras áreas da empresa; e
- finalmente, identifique qual o tipo de empresa de sua preferência, tal como empresa privada, empresa familiar, empresa multinacional, em-

presa pública, empresa grande, média ou pequena, bem como a localização ideal da empresa para a sua realidade pessoal.

Nessa questão de escolha do tipo de empresa, podem ser considerados alguns aspectos complementares, tais como:

- empresas que utilizam a administração virtual, ou seja, uma forma, estruturada e sustentada pela tecnologia de informação, de interações entre pessoas e/ou empresas próximas ou distantes entre si. Essa situação leva ao teletrabalho, que está em relativo processo evolutivo no Brasil;
- empresas que realizam serviços terceirizados para outras empresas, gerando uma dualidade de comando dos funcionários, entre a empresa que realiza os serviços e a empresa que recebe os serviços terceirizados; e
- empresas que trabalham fortemente com questões sociais, as quais consolidam modelos de administração específicos.

Embora os exemplos de objetivos apresentados sejam de caráter genérico, seguramente terão influência em sua vida profissional, bem como pessoal.

O segundo passo é estabelecer objetivos específicos, quando você pode analisar e consolidar quatro questões, a saber:

a) A forma de atuação profissional

Neste caso, deve estabelecer se vai trabalhar como funcionário de empresa, como autônomo – associado ou não a outras empresas –, como sócio – minoritário, equalitário ou majoritário – de uma empresa ou como proprietário de uma empresa

Naturalmente, a questão de ser sócio ou proprietário de empresa pode ser colocada a médio ou a longo prazo, sendo que a curto prazo pode-se considerar a situação intermediária de ser funcionário de uma empresa.

Mas tudo isso deve ser efetuado de maneira clara e verdadeira, principalmente quanto à existência de efetiva vocação para trabalhar por conta própria.

Esse é um problema sério, e muitas pessoas perdem o patrimônio acumulado ao longo de sua vida profissional como funcionárias de empresas quando decidem montar o seu próprio negócio – sozinhas ou em sociedade com amigos – e, o mais irônico dessa situação desastrosa é que, muitos desses que fracassam em seus negócios próprios eram aqueles que criticavam as decisões tomadas nas empresas onde eles eram funcionários.

Ou seja, criticar os outros é muito fácil, o difícil é fazer, principalmente com sucesso!

b) A amplitude de atuação e, neste caso, pode conseguir trabalhar, de forma equilibrada, em duas ou mais atividades profissionais

Como exemplo, pode-se considerar a situação do autor deste livro – que, efetivamente, elaborou e aplicou um plano de carreira –, o qual decidiu atuar em três segmentos bem interligados:

- o de professor universitário;
- o de autor de livros acadêmicos e profissionais; e
- o de consultor de empresas.

Essa é uma *dica* importante pelo fato de as três atividades mencionadas proporcionarem, na prática, elevada sinergia, ou seja, consolidam um resultado maior do que se cada atividade fosse executada de forma isolada.

c) A identificação de áreas de conhecimento que estejam em crescimento, bem como, seguramente, devem perdurar por muitos anos

Não adianta um profissional dedicar significativa parte de sua vida ao conhecimento de um assunto administrativo ou técnico que vai *morrer* em breve, pois ele ficará com um conhecimento que não serve *para nada*.

A profissão de torneiro-mecânico já está praticamente extinta e as pessoas que trabalhavam neste setor tiveram que procurar outras profissões, sendo que uma delas teve o maior sucesso possível em outra profissão!

Naturalmente, ele soube planejar – e muito bem – a sua nova carreira.

d) A identificação de segmentos da economia que estejam crescendo e, principalmente, que necessitem dos conhecimentos escolhidos por você

Esse é um aspecto muito importante, pois existem segmentos da economia brasileira, tais como o agronegócio, que estão crescendo e vão continuar a crescer durante muitas décadas seguintes, mesmo que em alguns momentos específicos sofram determinados percalços temporários.

Se você estiver nessa linha de raciocínio, deve analisar, nesse momento, se o segmento de agronegócio precisa e vai continuar precisando de profissionais com seu conhecimento principal.

Para sua autoavaliação: você deve se avaliar, com exemplos e justificativas, quanto aos aspectos básicos dos objetivos gerais e dos objetivos específicos em um plano de carreira.
E fazer uma nova avaliação ao terminar a análise deste livro.

6.2 Etapa 4.2: Estabelecimento das estratégias e dos projetos

O estabelecimento das estratégias corresponde ao momento de maior criatividade quando você estiver elaborando o seu plano de carreira.

Estratégias são as maneiras, inclusive alternativas, de se alcançarem os objetivos e as metas do plano de carreira.

Para tornar o processo de estabelecimento de estratégias algo mais fácil você deve tomar alguns cuidados, tais como:

- ter poucos objetivos a serem alcançados, e que estes sejam perfeitamente mensuráveis;
- trabalhar com horizonte de tempo – curto, médio ou longo prazo – compatível com a visualização que consegue ter da atividade profissional a ser desempenhada;
- analisar os níveis de risco e de incerteza aceitáveis em seu plano de carreira; e
- evitar, ao máximo, trabalhar com *achismos* e *juízos de valor* quanto à sua realidade atual e expectativa futura de sua vida profissional.

Para facilitar o entendimento, os assuntos abordados a seguir – integrantes da Etapa 4.2 da metodologia de elaboração e operacionalização do plano de carreira – são separados em cinco itens específicos.

São eles:

I – Quanto à formulação das estratégias

Na formulação das estratégias, você deve considerar, como essenciais, algumas questões de elevada importância na qualidade final de seu plano de carreira.

São elas:

a) As estratégias estabelecidas interligam realidades e variáveis externas a você e, portanto, não controláveis, com realidades e fatores internos a você e, portanto, controláveis por você?

Portanto, quando são identificadas oportunidades no mercado de trabalho, não se está afirmando que apenas se deve identificar estas oportunidades e estabelecer como você poderá usufruir essas oportunidades.

É lógico que essa situação é importante e já significa um *algo a mais* que você pode conseguir.

Entretanto, o grande *lance* é você identificar uma determinada realidade de mercado e conseguir estabelecer como irá atuar sobre essa realidade externa – não controlável –, no sentido de ser criativo e idealizar uma situação – preferencialmente inovadora – para conquistar uma situação, até então não pensada por você.

É bem provável que você consiga identificar, em sua vida, uma situação alcançada – com dificuldades, evidentemente – para a qual não tinha nenhuma expectativa de sucesso.

E qual a razão de você ter conseguido esse *algo mais*?

A identificação dessa razão é fácil – planejou muito bem o que fazer e foi criativo e inovador –, embora todos nós saibamos que a operacionalização da ação tenha sido difícil.

Mas ninguém vai conseguir o que quer sem um elevado esforço extra em sua vida; e essa situação vale para a carreira profissional de cada pessoa.

b) A estratégia recebe influência, bem como influencia todas as fases e etapas da metodologia de elaboração e operacionalização do plano de carreira?

Essa é uma questão importante, mas geralmente esquecida pelas pessoas em seus planos de carreira.

Conforme explicado na seção 8.3, só é possível conseguir qualidade total em um plano de carreira se todas as suas partes estiverem interligadas e interagentes dentro de um processo lógico que vai se desenvolvendo ao longo do tempo, de acordo com uma velocidade conhecida e administrada por você em sua realidade pessoal e profissional.

c) Você sabe o nível de dificuldade na operacionalização de cada estratégia?

Para tanto, você tem de conhecer seus pontos fortes e fracos, suas capacitações e habilidades, bem como a realidade do mercado de trabalho e, principalmente, o segmento em que já está atuando ou pretende atuar em um futuro breve.

d) Existe conhecimento e habilidade suficientes para estabelecer estratégias alternativas, para rápida aplicação, caso necessário?

É importante lembrar que o principal delimitador de boas estratégias, inclusive as alternativas, é o nível de conhecimento e habilidade das pessoas, o qual é um fator controlável por cada indivíduo, ou seja, ou se tem ou não se tem competência para tal.

e) Cada estratégia contribui para fortalecer sua vantagem competitiva?

O resultado final da operacionalização das estratégias é o alcance dos objetivos, mas, na prática, essa situação só será realmente interessante se contribuir para fortalecer a sua vantagem competitiva como profissional da empresa.

f) As estratégias a serem operacionalizadas foram bem escolhidas?

Essa é uma questão importante, pois a escolha de uma estratégia pode influenciar, positiva ou negativamente, os esforços de uma pessoa pelo período de alguns anos.

Uma situação muito interessante para você e seu plano de carreira é que as estratégias escolhidas apresentem sinergia entre elas.

> **Sinergia** é o efeito combinado de duas ou mais estratégias, levando o plano de carreira a um resultado maior do que a simples somatória das estratégias escolhidas.

É a questão do "2 + 2 = 5".

 Para sua autoavaliação: explicar, com exemplos, como você pretende otimizar as seis questões inerentes ao processo de formulação de estratégias do seu plano de carreira.

II - Quanto às estratégias básicas de um plano de carreira

Foi verificado que os objetivos e metas se preocupam com o estabelecimento "do que", correspondendo aos resultados a serem consolidados pelo plano de carreira.

Com referência às estratégias, a preocupação é quanto ao "como" você vai alcançar os resultados estabelecidos.

Talvez essa colocação seja considerada pretensiosa, mas a intenção do autor é elencar um conjunto mínimo de estratégias e ações que devem ser entendidas, debatidas, incorporadas e aplicadas por você.

A minha vida profissional identificou que deve ser considerado, para debate, um conjunto de estratégias e ações quanto ao plano de carreira, sem a preocupação com o nível de importância para a realidade pessoal e profissional de cada leitor.

São elas:

a) Consolidar o conhecimento teórico e prático como a base de sustentação de sua vida profissional

Portanto, seja bom aluno e usufrua todos os conhecimentos que você pode assimilar durante o curso que você está frequentando.

Você tem duas hipóteses:

- considerar o curso como algo *chato*, desinteressante e sem validade, sendo uma postura arrogante de sua parte, pois você ainda não teve a oportunidade de aplicar e testar os seus conhecimentos; ou
- tirar o máximo desse momento, *sugando* os conhecimentos dos professores e preparando o seu plano de carreira pessoal e profissional.

A escolha é de cada um. O arrependimento e a alegria também!

b) Saber escolher os seus cursos, inclusive os níveis de qualidade deles

O candidato a um curso de graduação e de pós-graduação deve saber identificar os cursos que lhe proporcionarão a base de sustentação de todo o conhecimento necessário ao seu plano de carreira.

De nada adianta ter um diploma e ter que estudar *por fora*, para conseguir e se consolidar em um emprego numa empresa.

Naturalmente, além de saber escolher o curso e a instituição de ensino, é necessário saber utilizar os resultados dos conhecimentos adquiridos em sua vida profissional.

Embora evidente e inquestionável, essa não é uma questão de fácil decisão.

Com referência aos cursos de pós-graduação, os profissionais podem escolher entre dois tipos:

i) Cursos de pós-graduação *lato sensu*

Neste grupo, podem ser considerados os seguintes cursos:

- extensão: é a simples continuidade dos cursos de graduação ou a concentração em um assunto específico, com poucas horas/aula;
- especialização: é a continuidade dos estudos de graduação e uma atualização de conhecimentos, com professores com titulação mínima de mestre e com, no mínimo, 360 horas/aula;
- aperfeiçoamento: idem à especialização, com a diferença de que o foco é uma área específica de conhecimento (finanças, marketing, gestão de pessoas, produção, logística, qualidade etc.); e
- MBA (Master in Business Administration): forma executivos para atuar nas diversas áreas da empresa, com elevada abordagem prática, pois ensina ferramentas de administração empresarial.

Esses cursos são oferecidos por instituições de ensino superior ou entidades especialmente credenciadas, e independem de autorização formal de funcionamento, exigindo, portanto, escolha criteriosa pelo estudante.

Ao final do curso o aluno recebe certificado – e não diploma – se teve aproveitamento adequado e, pelo menos, 75% de presença.

ii) Cursos de pós-graduação *stricto sensu*

Neste grupo, podem ser considerados os seguintes cursos:

- mestrado: tem como finalidade o desenvolvimento e a consolidação do conhecimento científico e tecnológico dos alunos, e pode ser realizado em dois contextos:
  - mestrado acadêmico, direcionado para quem pretende aprofundar o conhecimento a respeito de algum assunto, bem como prepara pesquisadores no assunto considerado; e

– mestrado profissional, que é menos teórico que o mestrado acadêmico e mais específico que o MBA. Ensina o pós-graduando a usar a pesquisa em seu futuro profissional.

- doutorado: forma profissionais de alto nível na docência e na pesquisa, sendo que o aluno deve apresentar tese com enfoque inédito sobre o assunto estudado. Você também pode considerar o pós-doutorado, o qual representa um nível mais elevado de pesquisa científica, quanto a um assunto considerado.

Esses cursos estão sujeitos a regras legais de autorização, reconhecimento e renovação do reconhecimento, e seu ingresso utiliza critérios bem mais rigorosos do que os estabelecidos nos cursos *lato sensu*.

Ao final do curso e da defesa da dissertação – mestrado – ou tese – doutorado –, o aluno recebe um diploma.

Pelo apresentado, percebe-se que os cursos de pós-graduação *lato sensu* são direcionados para os profissionais das empresas; e os cursos de pós-graduação *stricto sensu* são direcionados, prioritariamente, para as pessoas que pretendem seguir a profissão acadêmica como foco básico de sua vida profissional.

Naturalmente, essa colocação é o ponto de vista geral dos dois tipos de cursos porque, na prática, pode-se fazer o curso de pós-graduação *stricto sensu* para se consolidarem metodologias e técnicas diferenciadas para as suas maiores valorização e valoração profissional como consultor ou como executivo de empresas.

De qualquer forma, a questão básica é: "aprender e saber aplicar os ensinamentos adquiridos".

Deve-se ressaltar que muitos graduados e pós-graduados não sabem absolutamente nada a respeito do assunto estudado e ficam em situação de conflito pessoal quando colocados perante as questões decisórias nas empresas.

Esse é o principal problema nos processos de seleção e contratação de profissionais pelas empresas, pois, muitas vezes, essas acabam contratando *pseudoprofissionais* que não proporcionam qualquer tipo de contribuição para a evolução da empresa.

Isso porque, muitas vezes, o próprio contratante também não tem os conhecimentos mínimos necessários.

c) Saber observar, estudar, aprender e aplicar

Quer seja como estudante ou como profissional de empresa, deve-se estar atento aos acontecimentos e às informações que fluem ao longo de nossas vidas pessoal e profissional.

Um exemplo simples, mas interessante, dessa situação, é o da pessoa que lê o jornal diário e consegue identificar algumas informações que podem afetar a sua vida, contribuindo, inclusive, para a sua carreira profissional.

Uma outra pessoa, com os mesmos interesses profissionais, lê o mesmo jornal e não capta nada. Acredito que você já entendeu a diferença entre essas duas pessoas.

As pessoas também devem ter disciplina de estudo, não apenas em momentos específicos e obrigatórios, mas em toda a sua vida. E, o ideal, é que isso seja algo prazeroso.

Na realidade, elas deveriam entender o estudo como algo saudável, pois as que ficam alienadas dos processos de aprendizados – por mais simples que sejam – começam a ter um processo de regressão mental e se isolam de tudo e de todos.

Mas, para que os assuntos estudados sejam incorporados por elas, é necessário que se saiba aprender o conhecimento, ou seja, é preciso *aprender a aprender*.

Como corolário dessa observação, é preciso lembrar que alguns estudos comprovaram que um dos mais rápidos e eficazes processos de aprendizagem é com os outros, ou seja, os colegas de trabalho ou de estudo, mas, naturalmente, sabendo-se escolher os *outros.*

Esse é, na realidade, um processo de *benchmarking*, que as pessoas devem utilizar com inteligência, ou seja, aprender com os outros e fazer melhor.

E, finalmente, nesse processo de aprendizagem, é preciso saber aplicar, com qualidade total (ver seção 8.3) tudo que soube aprender.

d) Ter bom relacionamento e ótimo processo de comunicação

Você deve ter um processo de relacionamento pessoal e profissional amplo e interativo, não por interesse, mas sustentado por otimizados níveis de amizade.

Nesse caso, a amplitude de seu relacionamento vai aumentando naturalmente, como consequência das realidades dos grupos de convivência.

Mas é necessário que as pessoas saibam se comunicar, para evitar mal entendidos e outros problemas.

E, mais importante de tudo, que a sua boa forma de expressar-se, sustentada por bom nível de conhecimentos gerais e específicos, o consolidem como um líder pelo conhecimento, o qual pode representar o maior diferencial de um profissional de empresa, independentemente de sua área de atuação.

Chegando lá, parabéns!

e) Saber trabalhar com diversidades, antagonismos e conflitos

Esse é um aspecto de suma importância na vida profissional dos profissionais de empresas.

Essas situações ocorrem tanto nos próprios locais de trabalho das pessoas, como, com força maior, em outras localidades onde os profissionais das empresas têm que efetuar trabalhos, principalmente no atual mundo globalizado.

Nos dias atuais, é preciso criar e inovar constantemente; e você só consegue isso quando associa diferentes ideias, referências, conhecimentos e habilidades.

Um exemplo interessante é analisar a própria evolução de uma área do conhecimento, como é o caso da administração, que nos apresenta algumas marcas importantes que alteraram a maneira de se administrar e, por decorrência, a vida das pessoas que trabalhavam nas empresas em cada um dos momentos citados.

De forma resumida, tem-se:

- 1911: Frederick Taylor, idealizador da administração científica, introduz a divisão de tarefas nas fábricas, bem como organiza as tarefas dos trabalhadores para evitar desperdício de tempo, combater a anarquia e aumentar a produtividade. Corresponde à época da tarefa repetitiva, que desumaniza as pessoas que trabalham nas empresas.
- 1920: Henry Ford, fundador da indústria automobilística Ford, cria a linha de produção em massa, sustentada pela padronização dos processos.
- 1932: Elton Mayo lidera uma pesquisa na General Electric – GE nos EUA, que mostra que a produção aumenta se os trabalhadores são bem tratados. Portanto, nesse momento começa uma valorização do ser humano, ainda que de forma tímida.
- 1950: Sakichi Toyota, fundador da indústria automobilística Toyota, introduz o modelo de produção *enxuta*, sustentado principalmente pelo sistema *just in time*, que corresponde à identificação e disponibilização da peça necessária, na quantidade necessária e no momento necessário. Com isso, os trabalhadores da fábrica chegam a ganhar autonomia para interromper o processo de produção.

- 1954: Peter Drucker enquadrou cada área da empresa no processo administrativo e estabeleceu o *papel* de cada gerente-executivo das empresas.
- 1970: Surge uma geração de empreendedores voltados para novas tecnologias. As estrelas deste momento são Bill Gates (1975), que desenvolve o *software* que populariza o microcomputador, e Steve Jobs (1976), que cria o primeiro microcomputador com interface gráfica.
- 1980: Ressurge, com vigor, no Japão, algo que já era praticado aproximadamente 20 anos antes nos EUA. São os trabalhos em equipes, as quais desenvolvem ideias para apresentar em suas empresas. Logo essa situação se extrapolou para a atuação de equipes multidisciplinares.
- 1996: Surge a geração da Internet, em que os negócios virtuais se expandem velozmente, bem como se consolida uma cultura de trabalho baseada na liberdade e na criatividade. A empresa estrela deste processo foi a Google, fundada por Larry Page (americano de 24 anos) e Sergey Brin (russo de 23 anos).
- 2007: Início do "Trabalho 24x7", baseado na tecnologia digital, em que profissionais ficam ligados às empresas 24 horas por dia. A estrela deste momento, que consolidou uma vida frenética na era da globalização, atropelando fusos horários e derrubando os muros entre a vida profissional e a vida pessoal, foi o BlackBerry, aparelho multifuncional que reúne serviços de *e-mail*, Internet e celular.

Atualmente, a longevidade das pessoas é bastante elevada, com aproximadamente 0,2% da população beirando ou passando os 100 anos de idade.

Imagine uma pessoa que trabalhou a maior parte de sua longa vida e vivenciou a maioria dos eventos apresentados.

Como a evolução tecnológica será cada vez mais rápida – e todos os assuntos das empresas são tecnologias, pois são conhecimentos – qualquer pessoa que trabalhe pelo período de 30 a 40 anos passará por várias evoluções, as quais podem gerar diversidades, antagonismos e conflitos.

A questão é como cada um vai trabalhar com essa realidade inquestionável.

Para se divertir: identificar alguns eventos que têm proporcionado evoluções e transformações na área em que você pretende trabalhar; e ex-

> plicitar como você vai interagir com esses eventos e outros que possam surgir.
>
> E depois debata as suas conclusões com colegas de estudo e/ou trabalho.

f) Saber *pensar grande* e decidir com foco

Você deve saber *pensar grande* de forma adequada e coerente com determinada realidade da empresa e seus aspectos contingentes.

Esse deve ser o *guarda-chuva* de seu processo decisório, pois a sua análise específica deve estar focada em algum assunto em particular, com todas as suas interligações possíveis.

Ou seja, o processo decisório do profissional de empresa vai do geral para o particular, e desse para o geral, sendo que ele deve ser generalista em seus conhecimentos, mas com forte especialização em um ou dois assuntos administrativos ou técnicos das empresas.

g) Saber identificar problemas e, principalmente, estruturar e apresentar soluções interessantes

Uma das grandes questões nas empresas é a identificação dos problemas e, consequentemente, das suas causas e efeitos.

Para ilustrar essa situação, pense no caso de um produto estar com suas vendas em constantes quedas. Pode ser que a empresa considere que o produto está com qualidade inadequada ou que o seu sistema de distribuição está errado.

Entretanto, o real problema do produto pode estar no seu preço elevado – que não era considerado problema, pelo fato da maior beleza e procura desse produto pelo mercado em geral – e, portanto, deve ser analisado o seu processo de produção, bem como a sua estrutura de formação de preços. Ou seja, o problema pode estar nas áreas de produção e de finanças.

A mesma questão pode ocorrem em seu plano de carreira: você pode estar focando a causa errada de um problema e, portanto, não conseguirá acertar os efeitos e consequências negativas em seu plano de carreira.

h) Acreditar na importância e validade do que faz

Tenha fé no que faz!

Pelo menos, após você ter os resultados analisados da efetiva contribuição dos seus trabalhos para a melhor atuação da empresa.

E, para que os outros entendam a importância dos trabalhos que você realiza, é necessário que, antes, eles conheçam algumas particularidades do seu trabalho, os resultados apresentados e como as outras áreas podem melhor utilizar esses trabalhos realizados por você e sua equipe.

Pode-se considerar, nesse contexto, que o foco final é a contribuição direta para a prática da cultura de valor, em que todos – e cada um – se envolvem nos interesses comuns de seus ambientes de trabalho e de relacionamentos pessoais e profissionais; e, consequentemente todos saem ganhando em seus planos de carreira.

i) Ter vantagem competitiva real, sustentada e duradoura

Assim como as empresas têm que ter alguma vantagem competitiva que diferencie os seus produtos ou serviços frente à atuação dos concorrentes, para que o mercado prefira comprar os seus produtos e serviços em detrimento desses concorrentes, você, como profissional de empresa, também deve ter uma vantagem competitiva que faça com que as empresas prefiram "comprar" os seus serviços, em detrimento de outros candidatos ao mesmo cargo nessas empresas.

Na realidade, essa questão da vantagem competitiva das pessoas aparece em várias situações da vida pessoal e profissional, sendo que mais detalhes são apresentados na seção 5.2.

j) Ser administrador de sua vida

Não creio que seja válido uma pessoa querer ser profissional de uma empresa se ela não tiver condições de administrar a própria vida.

Nesse contexto, é importante que cada pessoa se esforce, ao máximo, para ter *marca própria*.

Essa questão da *marca própria* foi idealizada por Tom Peters, em 1997, com a publicação do artigo intitulado "A marca chamada você."

É um princípio simples e complexo ao mesmo tempo, pois a essência para se ter sucesso é que cada um seja "presidente de sua vida profissional".

Isso significa ter projetos próprios e ser empreendedor externo ou interno, bem como incorporar uma inevitável realidade futura – distante ou próxima – correspondente à redução dos empregos formais.

Para que uma pessoa se direcione a ter *marca própria* é necessário que trabalhe com inteligência, paciência e perseverança, pois não é uma questão que envolva análises decisórias complexas com modelos matemáticos, mas é uma questão sutil que, no final, vai mostrar "quem é quem".

Verifica-se que esses profissionais devem ter valores pessoais consolidados e com forte atuação ética.

E, finalmente, lembre-se de que trabalho não é só fonte de dinheiro. As pessoas devem ter felicidade com as suas atividades profissionais, bem como devem entender qual a contribuição dos seus trabalhos para as empresas e para a comunidade onde elas atuam.

Para seus comentários: comentar o seu entendimento, absorção e aplicação das dez estratégias básicas que você pode aplicar em seu plano de carreira.
Ao final hierarquizar essas estratégias, com justificativas e exemplos.

III - *Quanto às estratégias em diferentes situações dos profissionais de empresas*

Naturalmente, as estratégias podem ter características próprias, de acordo com cada situação que você considerar como a mais válida para alcançar os seus objetivos.

No Quadro 6.1, são apresentadas algumas das estratégias que podem ser consideradas quando você aborda quatro situações alternativas:

- continuar na mesma empresa e na mesma função atual;
- continuar na mesma empresa, mas se direcionar para uma função diferente;
- mudar de empresa, mas manter o seu foco na função atual; ou
- mudar de empresa, bem como mudar de função atualmente exercida, o que pode representar a situação mais complexa, mas também a mais motivadora, pois é a que *mexe* mais com a sua realidade.

O conteúdo do referido quadro foi baseado em Rothwell e Kazanas (1988, p. 270), mas sofreu elevadas adaptações para se enquadrar na abordagem deste livro.

Quadro 6.1 Estratégias em situações específicas.

Estratégia de carreira	1. Dentro da empresa e dentro da função	2. Dentro da empresa e fora da função	3. Fora da empresa e dentro da função	4. Fora da empresa e fora da função
CRESCIMENTO	• Desenvolver as habilidades atuais • Desenvolver habilidades na ocupação • Preparar-se para maiores responsabilidades • Preparar-se para supervisionar outras pessoas	• Atuar em nova função • Desenvolver habilidades na nova função	• Movimentar-se para uma nova empresa, dentro da mesma função	• Desenvolver as habilidades e conhecimentos existentes para uso em uma nova função e em nova empresa
DESACELERAÇÃO	• Movimentar-se para um trabalho de menor responsabilidade, dentro da mesma empresa	• Movimentar-se para uma posição de menor responsabilidade em outra função, mas dentro da mesma empresa	• Movimentar-se para uma posição de menor responsabilidade, em outra empresa	• Sair da função e da empresa • Buscar satisfação de lazer e em *hobbies* • Preparar-se para uma nova função
DIVERSIFICAÇÃO	• Agregar atividades e responsabilidades mais promissoras dentro da mesma função, incrementando a atenção sobre uma nova área de trabalho	• Agregar uma linha de trabalho mais promissora dentro da empresa com características diferentes da atual função	• Movimentar-se para uma empresa mais promissora, dentro da mesma função	• Agregar novas linhas de trabalho, em uma empresa mais promissora
INTEGRAÇÃO	• Agregar uma área promissora dentro da atual função, preferencialmente uma área com a qual já tenha trabalhado anteriormente	• Agregar uma linha de trabalho correlacionada à atual, dentro da empresa onde já trabalha	• Movimentar-se para uma nova empresa que é relacionada com a atual (fornecedores, distribuidores, clientes etc.)	• Agregar uma função correlacionada com a atual, em uma empresa ligada à atual
REVISÃO	• Desacelerar a atividade atual • Preparar-se para o desenvolvimento de uma nova estratégia: diversificação, integração etc.	• Desacelerar a carreira, movendo-se para fora da função atual • Preparar-se para uma nova estratégia de carreira	• Desacelerar a carreira, movendo-se para fora da empresa • Preparar-se para uma nova estratégia de carreira	• Desenvolver novas habilidades para entrada em uma nova função • Crescer na nova função
COMBINAÇÃO	• Aplicar duas ou mais estratégias ao mesmo tempo	• Aplicar duas ou mais estratégias ao mesmo tempo	• Aplicar duas ou mais estratégias ao mesmo tempo	• Aplicar duas ou mais estratégias ao mesmo tempo

Para você pensar e repensar: é interessante que você analise e debata o conteúdo desse quadro em sua realidade atual, correlacionada ao seu plano de carreira, guardando o resultado para futuras análises.

Nesse mercado competitivo, uma das estratégias mais interessantes para consolidar forte vantagem competitiva é você começar a escrever a respeito de sua especialidade profissional.

Não é expectativa do autor que todos os leitores deste livro comecem a escrever artigos ou livros para se diferenciar no mercado de trabalho.

O que se está afirmando é que as pessoas que passarem a escrever, com maior ou menor profundidade nos assuntos escolhidos, terão, efetivamente, um diferencial competitivo.

Nos dias atuais, existem alguns instrumentos que facilitam a vida das pessoas que querem escrever, tais como um *site* ou um *blog*, ou mesmo um portal em sua área de conhecimento, os quais aceitam, com facilidade, artigos ou mesmo textos parciais de colaboradores diversos.

Quando um indivíduo escreve sobre determinado assunto, preferencialmente uma questão técnica de empresas, ele se expõe como um estudioso e uma possível referência na empresa.

Quer seja um artigo ou um livro, as pessoas devem se preocupar com a sua adequação ao público (segmento, preferências, linguagem apropriada), com uma lógica expositiva (sequência, interação entre assuntos), redação correta, clara e objetiva (cuidado! Na atual realidade do país, o português é *assassinado* em muitas obras), bem como um conteúdo relevante (amenidades e obviedades não levam você a nenhum lugar; e pior, evidenciam a incompetência do autor).

IV – Interação entre estratégias de carreira e estratégias empresariais

É válido exemplificar para você uma situação de interação entre as técnicas estratégicas desenvolvidas para as empresas e as estratégias que podem ser utilizadas nos planos de carreira das pessoas.

Nesse contexto, pode ser utilizada, com as devidas adaptações, a técnica estratégica de Michael Porter (1980, p. 66) para a identificação das forças que agem no atual mercado de trabalho, o que provoca elevado nível de concorrência entre as pessoas.

Essas cinco forças são representadas por:

- ameaça de novos concorrentes, representados pelos profissionais que já estão no mercado de trabalho, bem como pelos que estão entrando nesse mercado;
- nível de captação de conhecimentos, provenientes de fornecedores desses insumos, representados pelos cursos, pelos ensinamentos recebidos, pelos livros, pelos laboratórios de pesquisas;
- intensidade e velocidade de *compra* dos serviços oferecidos pelas pessoas, por parte das empresas e instituições em geral;
- ameaça de novas tecnologias operacionais e novos conhecimentos que podem descartar a utilidade profissional de alguns cargos e funções nas empresas e, consequentemente, de seus ocupantes; e
- manobras e estratégias para se conseguir uma posição diferenciada entre os atuais concorrentes, representada pela força que cada indivíduo impulsiona contra as outras quatro forças consideradas.

Essa situação pode ser visualizada na Figura 6.3:

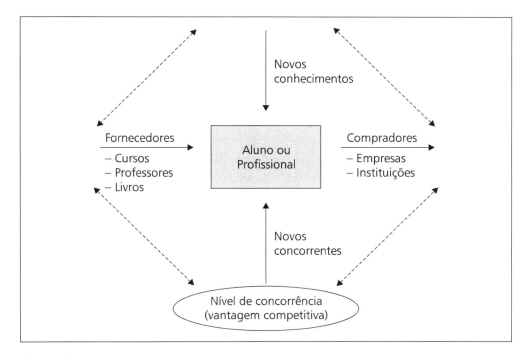

Figura 6.3 Interação entre as forças do mercado.

V - Estruturação dos projetos

Foi verificado que as estratégias correspondem a frases, bem elaboradas, mas que não propiciam, com facilidade, o seu pleno entendimento e amplitude, e, consequentemente, a sua aplicação prática no plano de carreira pode ser complicada.

Para facilitar essa situação, cada estratégia deve ser detalhada em um ou mais projetos, de acordo com a amplitude e a complexidade da estratégia.

> **Projeto** é a estruturação de trabalhos para se operacionalizarem as estratégias, explicitando o resultado final – correlacionado aos objetivos e metas –, o prazo de execução, as atividades a serem executadas e os recursos alocados – conhecimentos, habilidades e atitudes – para se consolidar o plano de carreira.

Cada projeto tem o seu responsável, e no caso do seu plano de carreira o responsável é você!

Verifica-se que os projetos têm data de início e data de término, bem como todas as outras informações necessárias para a sua adequada realização.

Se existirem atividades idênticas estabelecidas em projetos diferentes, elas podem ser agrupadas em um plano de ação específico para facilitar a sua execução.

Por exemplo, todas as atividades inerentes ao conhecimento de informática, alocadas em diferentes projetos, podem ser consolidadas em um plano de ação específico de informática, facilitando o processo de absorção dos conhecimentos necessários e de sua decorrente aplicação.

Outro aspecto é que os projetos, que representam, na prática, o principal instrumento para a operacionalização dos planos de carreira pois os seus dados e informações são trabalhados em *tempo real*, permitem adequar os planos de carreira da melhor maneira possível, possibilitando ajustes otimizados das estratégias estabelecidas anteriormente e, a seguir, dos objetivos e metas, bem como dos outros itens da metodologia de elaboração e aplicação do plano de carreira.

Você percebe que a referida metodologia de elaboração e aplicação do plano de carreira tem uma abordagem interativa, em que os trabalhos se realizam em um processo de "vai-e-vem", propiciando elevada qualidade nos resultados a serem apresentados.

Os projetos podem ser administrados por formulários, conforme apresentado na Figura 6.4:

Planos	Plano de Carreira – Estabelecimento de Projeto –		Data _/_/_	Nº
Estratégia correlacionada:				
Projeto:				
Resultado final:				
Data de início:		Data de término:		
Prevista: _/_/_	Real: _/_/_	Prevista: _/_/_		Real: _/_/_
Nº	Atividades	Datas início Prev. / Real	Datas término Prev. / Real	Ações de sustentação

Figura 6.4 Estabelecimento do projeto de carreira.

Para se divertir: elaborar o projeto para a principal estratégia de seu plano de carreira.

Essa pode ser, por exemplo, a estratégia para você desenvolver e consolidar a sua vantagem competitiva como profissional de empresa.

6.3 Sugestões práticas para o otimizado estabelecimento dos objetivos e estratégias

Você pode considerar algumas sugestões práticas, tais como:

a) Ter um processo estruturado de estabelecimento de objetivos e estratégias

Uma ideia é respeitar toda a metodologia apresentada na seção 2.1, bem como o evidenciado neste capítulo.

Mas, independentemente da forma de se estabelecerem os objetivos e as estratégias inerentes ao plano de carreira, é necessário que exista um processo lógico e sustentado pela realidade atual e pela expectativa futura desejada por cada indivíduo.

Embora o estabelecimento de objetivos e estratégias, principalmente no contexto das pessoas, não seja um modelo matemático e, consequentemente, exato por si só, deve-se ter uma lógica muito bem estabelecida e incorporada por cada um dos leitores deste livro.

b) Estabelecer hierarquia dos objetivos e, se necessário, também das estratégias

Na maior parte das vezes, as pessoas identificam, aproximadamente, cinco objetivos no plano de carreira.

Se esses objetivos estiverem perfeitamente interligados, ou seja, para se alcançar um objetivo final é necessário concretizar alguns outros objetivos preliminares, não é necessário estabelecer uma hierarquia, pois, nessa situação, o objetivo final é o prioritário e conclusivo do plano de carreira. Nesse caso, os objetivos intermediários funcionam como metas para o alcance do objetivo maior ou final.

Entretanto, algumas vezes os objetivos são específicos e não representam passos intermediários no plano de carreira e, nesse caso, você deve estabelecer uma hierarquia de importância deles.

Na dúvida, você pode considerar uma ordem de importância de acordo com a contribuição direta de cada objetivo para a consolidação de sua vantagem competitiva (ver seção 5.2).

Esse mesmo raciocínio pode ser considerado para o estabelecimento da hierarquia das estratégias estabelecidas no plano de carreira.

Naturalmente, a hierarquia de importância das metas está correlacionada à hierarquia dos objetivos para os quais estão direcionadas; e a hierarquia dos projetos está correlacionada às estratégias que lhe deram origem.

c) Saber quantificar os objetivos

É importante que os objetivos estejam muito bem quantificados, inclusive apresentando situações desafiadoras, para que você se esforce em alcançá-los, bem como possa avaliar o quanto está sendo alcançado do resultado esperado.

d) Testar, periodicamente, a validade dos objetivos e das estratégias

É importante que periodicamente – em intervalos de seis a 12 meses – você efetue uma análise para verificar a real validade dos objetivos e, principalmente, das estratégias estabelecidas.

Embora não seja muito comum, pode ocorrer a situação de uma pessoa alcançar os objetivos, operacionalizando as estratégias estabelecidas, e *não sair do lugar onde está*.

Nesse caso, não tenha dúvida de que os objetivos estabelecidos não são desafiadores e as estratégias devem corresponder ao que a pessoa já está fazendo em sua vida profissional.

Resumo

Neste capítulo, foram evidenciados os importantes assuntos inerentes ao estabelecimento dos objetivos e metas – resultados –, bem como das estratégias e projetos – ações – para você consolidar, da melhor maneira possível, o seu plano de carreira.

Cada um desses assuntos foram divididos em duas etapas específicas, para facilitar o seu entendimento e aplicação.

Também foram apresentadas algumas sugestões práticas para o otimizado estabelecimento dos objetivos e das estratégias no seu plano de carreira.

Questões para debate

1. Debater o processo de estabelecimento de objetivos e metas inerentes ao plano de carreira de cada pessoa.

2. Debater o estabelecimento das estratégias para se alcançarem os objetivos e metas identificados para o plano de carreira.

3. Idem quanto aos projetos que você deve desenvolver para melhor operacionalizar suas estratégias, visando consolidar seu plano de carreira.

4. Debater as sugestões práticas apresentadas para se conseguir o otimizado estabelecimento dos objetivos e das estratégias no seu plano de carreira.

5. Identificar, na sua realidade, outras sugestões práticas que devem ser consideradas para o melhor estabelecimento de objetivos e estratégias do plano de carreira.

Caso:

"Fulano de Tal quer estabelecer objetivos desafiadores e estratégias criativas para consolidar um otimizado plano de carreira."

Agora, Fulano de Tal chegou ao *centro nervoso* de seu plano de carreira, ou seja, o estabelecimento dos resultados a serem alcançados e das ações a serem operacionalizadas para que os resultados esperados sejam alcançados na plenitude.

Para tanto, com base em todas as análises e propostas apresentadas nos cinco "casos" anteriores, você deve estabelecer dois objetivos, com prazos de conclusão e quantificação dos resultados, para o plano de carreira de Fulano de Tal.

Depois você deve decompor cada objetivo em metas – mensais ou semestrais –, também perfeitamente quantificados e com prazos para realização.

Em seguida, respeitando os estudos anteriores, mas com elevada criatividade, deve estabelecer as estratégias ou ações que serão operacionalizadas para se alcançarem os objetivos e metas estabelecidos no plano de carreira de Fulano de Tal.

Pode-se considerar, como ideal, que cada objetivo tenha três estratégias para que o mesmo seja alcançado.

Não tem qualquer problema se uma mesma estratégia servir para se alcançar mais de um objetivo. Corresponde à situação de "se dar um tiro e alcançar dois alvos".

Se você já estudou o assunto "Administração de Projetos" no seu curso, pode detalhar um projeto para cada estratégia. Se quiser pode analisar o livro *Administração de projetos*, dos mesmos autor e editora.

De qualquer forma, você pode estabelecer para cada projeto o seu resultado final quantificado, o seu prazo de realização, os recursos necessários – conhecimentos, habilidades e atitudes –, bem como as atividades (partes) do projeto.

Ao final, você pode debater com Fulano de Tal algumas sugestões para o melhor estabelecimento e aplicação dos objetivos e estratégias nos planos de carreira.

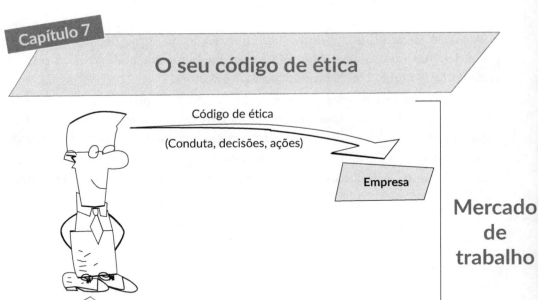

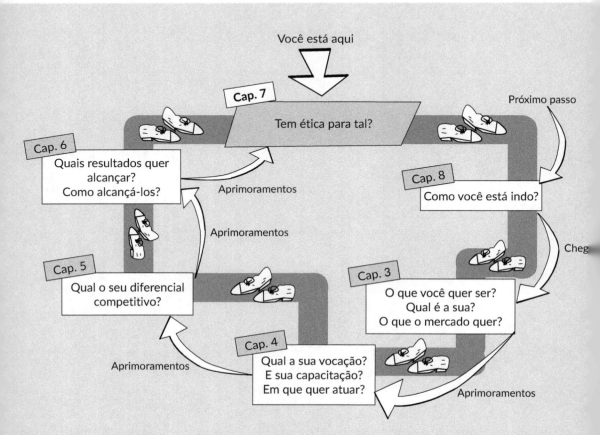

Capítulo 7
Fase 5 da metodologia: Estabelecimento do código de ética profissional

"Os fatos não mudam, mas a mudança de pensamentos sobre a realidade traz mudança de atitudes diante dos fatos."

Autor desconhecido

Neste capítulo é abordada a questão do estabelecimento do código de ética profissional, o qual corresponde à fase 5 da metodologia apresentada na seção 2.1.

O código de ética é, muitas vezes, *relegado a segundo plano* na vida profissional, mas não se pode esquecer que ele representa a base de sustentação para todo e qualquer plano de carreira.

Ao final da leitura deste capítulo será possível responder a algumas importantes questões:

- Como estabelecer as políticas que devem sustentar o código de ética profissional?
- Como estabelecer e qual deve ser o conteúdo básico do código de ética profissional?
- Qual a maneira ideal de se *aplicar* o código de ética profissional?
- Quais são algumas das principais sugestões práticas para os adequados estabelecimento e aplicação do código de ética profissional?

7.1 Etapa 5.1: Estabelecimento das políticas

Foi verificado, na seção 2.1, que as políticas correspondem aos parâmetros e critérios para a orientação dos indivíduos em seu processo decisório quanto ao plano de carreira.

As políticas devem ser aplicadas em situações repetitivas da realidade do plano de carreira de cada indivíduo; ou seja, na prática, as políticas proporcionam o entorno da *personalidade* profissional de cada indivíduo.

As políticas correspondem às leis pessoais, as quais devem interagir com as leis das outras pessoas e da empresa onde se trabalha; e, até mais, com a comunidade onde se vive.

Uma política pode e deve ser mais do que apenas uma formalidade. Pode ser um guia útil para explicitar e sustentar estratégias do plano de carreira (ver seção 6.2) e, quanto mais definitiva e incorporada ela for, mais útil será para o adequado plano de carreira dos indivíduos.

Algumas características que as políticas do plano de carreira podem apresentar são:

- flexibilidade, mas sem exagero, para não tornar o plano de carreira disperso;
- abrangência, pois as políticas devem cobrir vários aspectos e dificuldades que aparecem em um plano de carreira;
- interação, pois elas devem estar ligadas, e sustentando, os objetivos, metas, estratégias e projetos do plano de carreira; e
- ética, pois elas devem estar de acordo com os padrões éticos de conduta do indivíduo responsável pelo plano de carreira.

Alguns exemplos genéricos de políticas pessoais, para seu melhor entendimento, são:

- ser ético em todos os seus atos;
- ter representatividade – e ser respeitado – junto aos diversos públicos com que interage;
- ser pioneiro na proposta de novas ideias para a sua área de atuação na empresa onde trabalha;
- ser seguidor das ideias de sucesso aplicadas pelas empresas em geral (essa política é um contraponto da política anterior); e
- ter qualidade de vida.

7.2 Etapa 5.2: Estabelecimento do código de ética profissional

Foi verificado, na seção 2.1, que o código de ética profissional é o conjunto estruturado, lógico e disseminado de normas de conduta e de orientações ao processo decisório de cada pessoa, quanto ao que deve ser considerado certo ou errado.

Portanto, verifica-se que o código de ética profissional de um indivíduo é decorrente de suas políticas pessoais, bem como essas sofrem influência do referido código de ética, dentro de um processo fortemente interativo.

Para o estabelecimento de seu código de ética, você pode se basear, inicialmente, no código de ética já existente para a sua profissão atual ou futura, tal como para médicos, advogados, engenheiros, administradores, contabilistas, consultores, professores, agências de propaganda, indústrias em geral, empresas de serviços em geral etc.

Depois, você pode fazer as adaptações e complementações que julgar válidas para a sua realidade pessoal e profissional.

Essa questão de código de ética profissional que você pode consolidar para a sua realidade e, principalmente, suas expectativas de vida, analisando vários códigos de ética já existentes, é de elevada importância no processo de efetiva incorporação de cada item no seu código específico; ou seja, o código de ética profissional deixa de ser algo completamente estabelecido *pelos outros*, sem sua participação, a qual é suma importância.

Um exemplo prático dessa situação é quando o autor deste livro elaborou o seu próprio código de ética como consultor – segmento que tem um código de ética geral – e o colocou, de forma resumida, no livro de sua autoria "Manual de Consultoria Empresarial".

Essa situação consolidou uma situação facilitadora no processo negocial entre este autor e as empresas interessadas em seus serviços de consultoria; ou seja, elas passaram a ter uma ideia mais estruturada do que esperar deste consultor.

Um exemplo interessante de código de ética de elevada abrangência é o Código de Defesa do Consumidor, o qual representa uma resposta direta da sociedade aos danos e prejuízos provocados por fornecedores de produtos e serviços, de forma internacional ou não.

De maneira mais restrita, a ética pode ter uma abordagem absoluta ou relativa.

A abordagem absoluta considera que a questão ética analisada não deve ser questionada, pois não dá margem a interpretações pessoais. Um exemplo é a questão do preconceito quanto à raça, cor, religião ou nível socioeconômico.

A abordagem relativa evidencia que a questão ética considerada está correlacionada a interpretações pessoais, tais como aceitar preços menores em serviços recebidos pela não emissão de nota fiscal pelo prestador de serviços, aceitar presentes de vendedores de produtos ou serviços, *falar mal* da empresa onde trabalha.

De qualquer forma, a principal *dica* para você é *caprichar* na elaboração de seu código de ética; e não se esquecer de o aplicar, sempre, na plenitude de todos os seus atos.

7.3 Sugestões práticas para os otimizados estabelecimento e aplicação do código de ética profissional

As principais sugestões práticas que você pode considerar são:

a) Ser realista e sincero

O código de ética deve ser realista, pois a sua aplicação, ainda que com algum esforço de cada pessoa que o elaborou, deve ser verossímil e exequível.

Também deve ser sincero, pois deve ser aplicado na plenitude, e não de acordo com o momento e a vontade específica de cada pessoa.

Lembre-se que os desvios às questões éticas – principalmente as explicitadas através de códigos formalmente estabelecidos – são extremamente fáceis de serem identificados e analisados pelas outras pessoas.

b) Consolidar elevada abrangência e interação de assuntos, mas com especificidade

O código de ética deve ter elevada abrangência, pois as situações que você vai enfrentar em sua vida profissional serão as mais diversas possível.

Entretanto, ele deve permitir a sua aplicação com facilidade, não exigindo maiores análises para os casos e situações mais específicas na vida profissional de cada pessoa.

O código de ética também deve ter todos os seus assuntos interligados, para facilitar a sua aplicação, análise e avaliação.

Na prática, esta última situação tem se mostrado como a mais complexa para as pessoas operacionalizarem.

c) Estar coerente com os valores e as políticas pessoais

Cada leitor deve elaborar o seu código de ética respeitando os valores (ver seção 3.2) e as políticas (ver seção 7.1), caso contrário ele ficará totalmente fora da realidade da pessoa considerada.

Na prática, existe uma interação entre o código de ética e os valores e políticas, pois cada um destes itens vai influenciando os outros à medida que vai sendo desenvolvido.

Mas se você tiver alguma dificuldade neste processo, pode considerar a seguinte ordem: primeiro são estabelecidos os valores pessoais, que representam o *guarda--chuva* das políticas pessoais, as quais são orientativas para o estabelecimento dos itens que devem fazer parte integrante do código de ética profissional.

Em uma situação ilustrativa, pode-se considerar o seguinte exemplo:

- Valor: ter ética em todos os atos praticados.
- Política: ser ético no processo de interação com os colegas de trabalho.
- Item do código de ética: ser ético no processo de transferência e de ensino da principal metodologia ou técnica de seu conhecimento, na empresa onde trabalha.

Resumo

Neste capítulo, foi analisada a fase 5 da metodologia de elaboração e aplicação do plano de carreira (apresentado no Capítulo 2), correspondente ao estabelecimento do código de ética profissional.

Esta fase, além do assunto de foco principal, tem uma etapa preliminar correspondente ao estabelecimento das políticas ou leis de cada pessoa, ou seja, aquilo que cada um vai cumprir e respeitar em sua vida pessoal e profissional.

Também foram apresentadas, tal como nos outros capítulos do livro, algumas sugestões práticas que você pode considerar, para melhor desenvolver e operacionar o assunto analisado neste capítulo.

Questões para debate

1. Debater a questão do estabelecimento de políticas pessoais, bem como sua interligação com os valores das pessoas (ver seção 3.2).
2. Debater o conteúdo básico de um código de ética profissional.
3. Estabelecer uma versão inicial de seu código de ética profissional. Acompanhar a sua evolução ao longo do tempo.
4. Debater as sugestões práticas para os otimizados estabelecimento e aplicação do código de ética profissional.
5. Para a questão anterior, identificar outras sugestões que se enquadrem em sua realidade pessoal e profissional.
6. Estabelecer dois conjuntos de exemplos interligando, para dois assuntos quaisquer, as frases de valores pessoais, de políticas e de itens do código de ética profissional.

Caso:
"Fulano de Tal sabe que precisa desenvolver a sua carreira profissional sustentada por um estruturado, interessante e respeitado código de ética."

Fulano de Tal é uma pessoa que teve boa educação proporcionada pela família e principais amigos e, portanto, neste momento de consolidar seu plano de carreira, gostaria que todas as pessoas de seu convívio pessoal e, principalmente, profissional tomassem conhecimento de seu código de ética.

Ele não quer ter um código de ética só para mostrar para as pessoas, mas um código que seja respeitado na plenitude, bem como proporcione maior sustentação ao desenvolvimento e, principalmente, à aplicação de seu plano de carreira.

Em sua primeira versão, Fulano de Tal quer abordar, no mínimo, os seguintes assuntos em seu plano de carreira:

- obtenção e aplicação de capacitação profissional;
- relacionamento pessoal e profissional na empresa onde trabalha;
- tratamento de assuntos sigilosos;
- obtenção e transferência de conhecimentos para a empresa onde trabalha; e
- postura de atuação profissional.

Ele gostaria que você o ajudasse, através de processo de debate, a escrever as frases correspondentes aos assuntos elencados, pois não gostaria de que a sua verdade fosse a única, bem como sabe que você, que o conhece muito bem, pode ser um excelente *advogado do diabo* para questionar todas as frases colocadas na versão básica de seu código de ética.

Nessa questão de sua ajuda para o Fulano de Tal na elaboração de seu plano de carreira, você pode – e deve – identificar alguns outros assuntos importantes em seu plano de carreira.

Naturalmente, para cada frase complementar que você identificou, é necessário que você realize uma análise profunda, com comentários adequados.

Fulano de Tal sabe que o seu código de ética deve respeitar a sua realidade pessoal e profissional, bem como todas as informações e análises colocadas nos seis casos anteriores.

Evidentemente, as situações e conclusões dos casos anteriores podem ter que passar por análises e complementações; sendo que, a esse respeito, você deve se sentir totalmente a vontade.

Para facilitar o debate seria interessante você propor ao Fulano de Tal a identificação de aproximadamente dez políticas – leis pessoais – que proporcionem maior sustentação ao código de ética em elaboração.

E, para finalizar, você e o Fulano de Tal devem debater algumas sugestões para o melhor desenvolvimento e aplicação do código de ética, na realidade analisada neste "caso".

Essa questão do código de ética deve ser elaborada de forma a mais detalhada possível, pois ela consolida uma análise global do plano de carreira de Fulano de Tal; ou seja, nessa questão o básico é "errar pelo excesso".

Capítulo 8

A sua evolução profissional

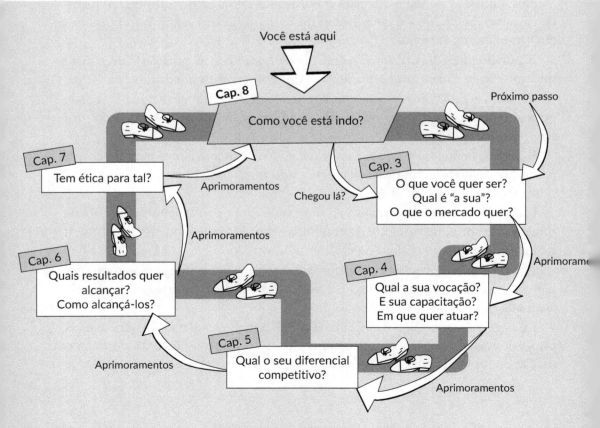

Capítulo 8

Fase 6 da metodologia: Análise da evolução profissional

"O sucesso é a soma de pequenos esforços,
repetidos dia sim, e no outro dia também."
Robert Collier

Neste último capítulo, são apresentados os detalhes da fase 6 da metodologia evidenciada na seção 2.1, referente à elaboração e à aplicação do plano de carreira.

O seu conteúdo é inerente à análise da evolução profissional, pois você precisa saber *como está indo* em seu plano de carreira.

Ao final da leitura deste capítulo será possível responder a algumas importantes questões:

- Como deve ser efetuada a análise da evolução profissional?
- Como estabelecer estratégias para o aprimoramento do plano de carreira?
- Como conseguir nível de qualidade total no plano de carreira?
- Quais são algumas sugestões práticas a serem consideradas para as otimizadas análises e aprimoramento da evolução profissional do leitor?

8.1 Etapa 6.1: Análise da evolução profissional

Pode existir determinado nível de dificuldade na avaliação dos resultados efetivos do plano de carreira, pois, embora os objetivos a serem alcançados devam ser quantificados e as estratégias devam ser operacionadas via projetos (ver seções 6.1 e 6.2), não se pode esquecer que determinados assuntos do plano de carreira podem ter abordagem subjetiva, tais como o nível de satisfação das pessoas e a adaptabilidade delas às realidades das empresas.

Entretanto, essa dificuldade não deve prejudicar a qualidade do nível de avaliação do plano de carreira pelas pessoas.

Uma forma interessante de se avaliar o plano de carreira é pelo nível de sucesso na carreira de cada profissional e, nesse caso, pode-se partir dos estudos realizados por Douglas Hall, em 1976.

Fazendo-se as devidas adaptações para o contexto do plano de carreira apresentado neste livro, têm-se quatro dimensões do sucesso individual na carreira, junto às empresas em geral.

São elas:

a) Otimizado desempenho profissional

Esta dimensão pode ser avaliada, com maior ou menor representatividade, de acordo com a realidade de cada pessoa, pelo valor total do salário, em termos absoluto ou relativo quanto ao mercado de trabalho, pela evolução – velocidade, importância dos cargos – profissional, pela quantidade e nível profissional dos subordinados, pelo volume de recursos financeiros administrados, pelo poder geral de decisão na empresa e em entidades ou associações nas quais participa, pelos benefícios indiretos, tais como carro com motorista, residência, empregados domésticos, nível dos hotéis, restaurantes, locomoções – avião – e clubes frequentados.

Embora essa seja uma dimensão *high profile* e, portanto, geralmente muito exibicionista, é a mais trabalhada pelo mercado.

b) Satisfação pessoal com a carreira

Esta situação geralmente ocorre quando a pessoa também está satisfeita com a empresa, e essa reconhece a adequada atuação profissional do indivíduo considerado.

Portanto, existe uma reciprocidade de expectativas entre os indivíduos e as empresas onde eles trabalham.

Na prática, isso leva a níveis otimizados de produtividade, sendo que, na maior parte das vezes, por iniciativa dos profissionais que trabalham na empresa considerada. Como consequência, representa a situação mais barata e rápida de consolidar elevados níveis de produtividade e de qualidade nas empresas.

c) Nível otimizado de adaptabilidade

Neste caso, deve-se considerar que as empresas são obrigadas a se adaptar – ou, preferencialmente, se antecipar – às mudanças e evoluções que ocorrem em seu ambiente, no qual estão os fatores externos e não controláveis, tais como os mercados – comprador e fornecedor –, os governos – federal, estadual e municipal –, as instituições financeiras e os sindicatos.

E nesse processo os indivíduos são obrigados a se adaptar ou, preferencialmente, se antecipar às referidas mudanças nas empresas onde eles trabalham.

Naturalmente, todo esse contexto de mudanças tem elevada influência na carreira dos profissionais das empresas.

Nesse contexto, a questão do sucesso profissional está correlacionada ao processo de adaptabilidade às mudanças ocorridas na interação mercados *versus* empresas *versus* indivíduos e, depois, vice-versa.

d) Senso de identidade dos indivíduos

Nessa quarta dimensão para a análise do nível de sucesso da carreira profissional dos indivíduos, o foco é a identificação, consolidação e manutenção de uma identidade por parte de cada um dos indivíduos que trabalham em uma empresa.

É lógico que existe uma dificuldade natural de se manter uma identidade pessoal em uma empresa, principalmente as que envolvem atividades complexas e um grande número de profissionais.

Mas esse esforço de manter sua identidade é fundamental como insumo e como resultado do sucesso do plano de carreira, bem como as empresas *inteligentes* privilegiam os seus profissionais que têm identidade e personalidade.

Essas quatro dimensões do sucesso individual na carreira podem ser visualizadas na Figura 8.1:

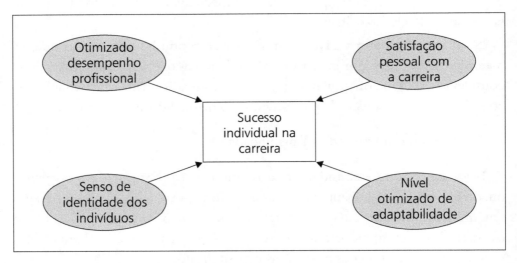

Figura 8.1 Dimensões do sucesso individual.

Além da análise das quatro dimensões do sucesso individual na carreira profissional, você pode considerar outras abordagens de avaliação que cada indivíduo apresenta em seu plano de carreira.

A avaliação da evolução no plano de carreira pode ser medida por, pelo menos, seis fatores, conforme apresentado na Figura 8.2:

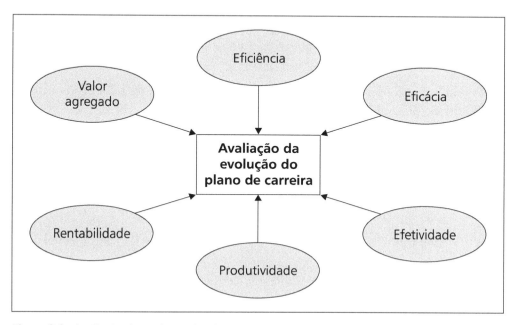

Figura 8.2 Avaliação da evolução do plano de carreira.

A seguir são apresentados os conceitos de cada um dos seis fatores para a avaliação da evolução no plano de carreira:

Eficiência é a otimização da aplicação das capacitações individuais – conhecimentos, habilidades e atitudes – no desenvolvimento do plano de carreira.

Eficácia é a contribuição dos resultados – objetivos e metas – para a consolidação otimizada do plano de carreira da pessoa.

Efetividade é a relação otimizada entre os resultados alcançados e os objetivos propostos ao longo do tempo no plano de carreira de cada indivíduo.

Produtividade é a otimização das capacitações de uma pessoa para a obtenção dos melhores resultados em seu plano de carreira.

Rentabilidade é a relação percentual entre as remunerações totais durante determinado período de tempo e a quantidade e qualidade das capacitações aplicadas no plano de carreira de uma pessoa.

Valor agregado é a situação em que as capacitações adquiridas podem aumentar os rendimentos globais proporcionados pelo plano de carreira elaborado por uma pessoa.

Para seu posicionamento: explicar como você vai aplicar e avaliar, em sua realidade, cada um os seis fatores para a análise de sua evolução profissional.

Podem ser considerados, também, alguns fatores subjetivos, tais como os níveis de felicidade pessoal e de satisfação profissional.

A avaliação do plano de carreira ocorre em um processo, com quatro pontos básicos:

- avaliação dos objetivos propostos, em que se mede o nível de alcance dos resultados proporcionados pelo seus plano de carreira, para a sua vida pessoal e profissional;
- avaliação dos insumos recebidos por você, em que se medem dois itens:
    - qualidade das informações do mercado de trabalho e suas oportunidades atuais e futuras; e
    - qualidade da profissão e dos cursos identificados.
- avaliação do processo, correspondente ao aprendizado obtido e retido por você; e
- avaliação dos resultados, correspondente ao que, efetivamente, você conquistou em sua vida profissional, bem como o nível de sua qualidade de vida.

Entretanto, para não cair nos tradicionais processos de análise por autoajuda, são elencadas, a seguir, as competências atuais mais importantes para os profissionais de empresa, de acordo com pesquisas diversas realizadas junto a presidentes de empresas – grandes, médias e pequenas – no Brasil e no exterior.

A ordem apresentada não representa qualquer base de prioridade, pois cada empresa pode ter necessidades específicas.

Portanto, o importante é você analisar a sua plena, e verdadeira, situação, perante cada um dos fatores elencados, procurando, sempre que possível, apresentar exemplos que sustentem a autoavaliação realizada.

Para cada um dos fatores, você pode estabelecer pesos – de 5 a 10 – e notas de sua autoavaliação para com cada um dos fatores – de 1 a 10 – e, mais importante de tudo, as estratégias e ações que você vai operacionalizar para melhorar a sua situação perante o fator analisado.

Um exemplo deste processo é apresentado no Quadro 8.1:

Quadro 8.1 Fatores para autoavaliação.

Fatores para autoavaliação (competências principais)	Peso	Nota	Estratégias para melhoria
Flexibilidade para aceitar e otimizar mudanças necessárias na empresa			
Liderar e desenvolver pessoas			
Explicitar espírito colaborativo nas análises, nas decisões e nas operacionalizações das ações			
Nível de criatividade e de inovação			
Identificação, antecipação e administração de riscos			
Combinar excelência técnica com conhecimento do negócio			
Experiência global, envolvendo várias atividades da empresa, principalmente em suas interligações			

8.2   Etapa 6.2: Estratégias para aprimoramento

O autor decidiu colocar esta etapa na Fase 6 após a realização da análise da evolução profissional que você está apresentando de acordo com o que foi planejado em seu plano de carreira, com a simples finalidade de elencar novas ações e estratégias que podem otimizar, ao máximo, o seu plano de carreira.

Ou seja, partiu-se do princípio clássico de que, após a realização da avaliação de "como nós estamos indo para os resultados esperados", é chegado o momento ideal de aprimorar e incrementar as ações e estratégias necessárias.

Essas estratégias para aprimoramento do plano de carreira devem ser criativas, inovadoras e, preferencialmente, diferenciadas, facilitando a consolidação da sua vantagem competitiva (ver seção 5.2).

8.3   Etapa 6.3: Qualidade total do plano de carreira

A qualidade total está em tudo que se faz, não apenas no que as empresas obtêm como resultado desse processo.

Portanto, na prática, não é suficiente se avaliar a qualidade de um plano de carreira, única e exclusivamente, pelas etapas desenvolvidas e pelos resultados gerais obtidos pelas pessoas.

É lógico que esses dois aspectos são muito importantes, mas, quando se aborda a questão da qualidade total, está-se considerando, de maneira pensada ou não, em quatro enfoques perfeitamente interativos:

a) Qualidade intrínseca ao plano de carreira elaborado

A avaliação da qualidade total de um plano de carreira é identificada pela efetiva satisfação proporcionada ao seu usuário por sua utilização na prática.

Nesse caso, a qualidade do plano de carreira é medida pela ausência de defeitos e problemas na sua aplicação, tais como inconsistências, desestruturações de suas partes etc., bem como a efetiva presença de todas as características desejadas e previamente estabelecidas por quem necessita do referido plano de carreira.

b) Qualidade rastreada ao longo do processo de conceituação, estruturação, desenvolvimento e aplicação do plano de carreira pelo usuário

A qualidade deve estar alocada e entendida como tal em cada uma das partes e momentos do plano de carreira. E, se por acaso, um defeito ou desvio grande, médio ou pequeno surgir, deve ser fácil e rápido identificar onde e porque o referido erro – de interpretação, de análise ou de conhecimento – ocorreu.

Para tanto, é necessário que a metodologia de elaboração e aplicação do plano de carreira (ver Capítulos 2 a 8) esteja muito bem estabelecida, entendida e aplicada por você.

c) Custo da qualidade, o que proporciona a análise de uma relação estabelecida, negociada e assimilada de custos *versus* benefícios

Você deve se lembrar de que do outro lado do custo da qualidade do plano de carreira, o qual é representado pelo que se gasta – tempo, estudos, aprendizados, debates – prevenindo erros e desvios de curso de ação, existe o custo da não--qualidade, ou seja, o que se perde errando ao longo da vida profissional.

Você deve proporcionar seu equilíbrio a essa *balança da qualidade*; mas, seguramente, os melhores serão vencedores em suas vidas profissionais.

d) Atendimento completo das expectativas do usuário do plano de carreira

O cliente do plano de carreira é o seu usuário, ou seja, você!

A partir do entendimento do conceito, da estruturação e da aplicação da qualidade total no plano de carreira, você pode consolidar interessantes vantagens competitivas para alavancar as suas atuações como profissional de empresas.

A questão da qualidade total do plano de carreira tem cinco fatores de sustentação, para os quais você deve estar atento.

São eles:

- ter excelência nas realizações pessoais e profissionais, ou seja, sempre fazer o melhor possível;
- ter conformidade aos requisitos e especificações dos serviços realizados nas empresas, o que operacionaliza o fator anterior;
- ter plano de carreira respeitado e com ausência de erros, o que é uma premissa para a qualidade total;
- ter uniformidade e regularidade nas realizações pessoais e profissionais, o que contribui para o delineamento da *personalidade* de cada indivíduo; e
- ter equilíbrio entre o valor proporcionado para a empresa e a remuneração recebida, ou seja, você não deve ser *caro* e nem *barato*.

Esses fatores de manutenção podem ser visualizados na Figura 8.3:

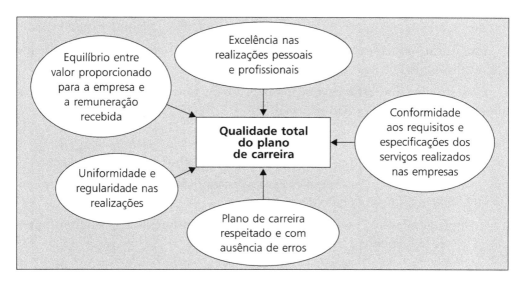

Figura 8.3 Fatores de sustentação da qualidade do plano de carreira.

8.4 Sugestões práticas para a análise e o aprimoramento da evolução profissional

As principais sugestões práticas que você pode considerar são:

a) Saber que os colegas de trabalho podem ser ótimos avaliadores da realidade profissional de uma pessoa

Embora possa haver resistências a respeito, deve-se entender que os colegas de trabalho ou de estudo, os amigos – verdadeiros –, bem como os parentes, podem ser de elevada contribuição quanto à autoavaliação realizada pelas pessoas.

Essa contribuição pode se estender ao estabelecimento e debate das estratégias e ações que cada pessoa deverá desenvolver para o seu aprimoramento profissional.

b) Saber que o futuro está na empregabilidade, e não no emprego

Inicialmente, é necessário se entender o significado destes dois termos.

Emprego é o processo e contrato formais de trabalho versus remuneração entre uma pessoa e uma empresa, respeitando as leis trabalhistas em vigor.

Empregabilidade é dar ou conseguir trabalho e remuneração pelos seus conhecimentos, habilidades e atitudes, intencionalmente desenvolvidos por meio de educação e treinamento sintonizados com as necessidades do mercado de trabalho.

Esta última conceituação, adaptada de Minarelli (1995, p. 11) evidencia que a empregabilidade é algo de domínio e responsabilidade de cada pessoa.

Existem algumas críticas à empregabilidade, mas praticamente todas têm abordagem emocional e não racional.

São elas:

- as pessoas têm que se fazer atraentes aos olhos dos empregadores;
- as pessoas ficam com elevada responsabilidade, inclusive de sua plena inserção no mercado de trabalho; e
- as pessoas não conseguem saber o que as empresas necessitam no presente e, menos ainda, no futuro.

Cabe a você decidir sobre o seu posicionamento quanto a esta questão, mas não deve se esquecer que a empregabilidade:

- atualiza as concepções de carreira e de qualificação profissional até então vigentes; e
- coloca as pessoas como seres inteligentes que investem adequadamente em si mesmos, para tornar sua força de trabalho atraente para os empregadores.

A prática tem demonstrado que alguns aspectos podem aumentar a empregabilidade das pessoas, tal como elevar a capacitação profissional, principalmente pelo maior conhecimento de alguns assuntos administrativos específicos, principalmente os que apresentam alta complexidade e elevada demanda do mercado.

Essa questão da empregabilidade pode ser uma questão sutil, mas, cada vez mais, será da maior importância na vida das pessoas.

Existe um conjunto de diferenças entre emprego e empregabilidade, conforme apresentado no Quadro 8.2:

Quadro 8.2 Diferenças entre emprego e empregabilidade.

Assunto	Emprego	Empregabilidade
Amplitude (para um momento específico)	Uma empresa	Algumas empresas
Relação profissional	Segurança no emprego *versus* lealdade	Desempenho *versus* flexibilidade
Competências	Específicas para uma empresa	Amplas e interativas entre algumas empresas
Indicador de desempenho	Salário mensal, promoção	Resultados para a empresa
Desenvolvimento profissional	Programas de treinamento	Desenvolvimento na *tarefa* e em *tempo real*
Evolução na carreira	Correlacionada à "lealdade" e à idade	Correlacionada ao aprendizado e à aplicação dos conhecimentos
Executante do plano de carreira	A empresa	O indivíduo

c) As empresas devem trabalhar com otimizados sistemas de avaliação de desempenho

Avaliação de desempenho é o processo estruturado, entendido e aceito pelas partes envolvidas – avaliadores e avaliados – quanto à forma de atuação e os resultados alcançados em relação aos resultados esperados na empresa.

Não é foco deste livro a apresentação de técnicas específicas de avaliação de desempenho que as empresas podem realizar, pois o foco desta obra é o indivíduo e o seu plano de carreira; entretanto, é válido o entendimento genérico dos principais métodos de avaliação de desempenho.

São eles:

i) Método de avaliação tradicional (ou de 180°), em que a avaliação ocorre entre o avaliador e o seu avaliado.

A vantagem é ser um método simples e barato em sua aplicação.

A desvantagem é o baixo nível de retorno de informações ao avaliado, com todo o peso da avaliação concentrada no avaliador, ou superior hierárquico, do avaliado.

ii) Método da avaliação em rede (ou de 360°), em que o profissional é avaliado por uma rede de outros profissionais, que pode incluir, além do superior, os pares – profissionais subordinados ao mesmo chefe –, os subordinados do avaliado, bem como os seus clientes, quer sejam internos ou externos à empresa.

A principal vantagem é que o avaliado consegue ter uma visão ampla e interativa a respeito de seu trabalho.

A principal desvantagem está correlacionada ao risco de uma avaliação distorcida por aspectos pessoais de amizade e de antipatia para com o avaliado, devido o grande número de avaliadores. Mas essa questão pode ser minimizada, desde que todas as pessoas envolvidas sejam adequadamente informadas sobre as *regras do jogo*.

Resumo

Neste capítulo, foram apresentadas as três etapas da fase 6 da metodologia de elaboração e aplicação do plano de carreira.

Essas etapas são representadas pela análise da evolução profissional, pelas estratégias para aprimoramento do plano de carreira, bem como pela consolidação da qualidade total do plano de carreira.

Também foram apresentadas, para debate, algumas sugestões práticas para as otimizadas análises e aprimoramento da evolução profissional dos leitores deste livro que tenham se preocupado em elaborar adequados planos de carreira.

Questões para debate

1. Debater o processo de análise da evolução profissional.
2. Estabelecer, para a sua realidade, algumas estratégias para o adequado aprimoramento de seu plano de carreira.
3. Debater a questão da qualidade total do plano de carreira.
4. Explicitar como você poderia chegar ao nível de conseguir "certificar" o seu plano de carreira, dentro da abordagem da qualidade total.
5. Debater as sugestões práticas apresentadas para a análise otimizada da evolução profissional.
6. Identificar outras sugestões que podem ser consideradas para que você consiga uma interessante evolução profissional.

Caso:
"Fulano de Tal tem algumas dúvidas quanto à evolução – foco, qualidade e velocidade – de sua carreira como profissional de empresas."

Agora chegou a *hora da verdade*!

Fulano de Tal está trabalhando, há algum tempo, na Indústria e Comércio XYZ S.A., como analista de sistemas de informações gerenciais, cuidando, diretamente, de todos os relatórios gerenciais da empresa, incluindo a estruturação das interligações necessárias.

Com base nas diversas informações e resultados dos estudos dos sete casos anteriores, você deve estruturar um processo de como Fulano de Tal pode ficar sabendo, preferencialmente em *tempo real*, como está a sua evolução profissional na Indústria e Comércio XYZ S.A.

Para aprimorar este processo, você deve ajudar Fulano de Tal a identificar duas novas estratégias – não repetir as do "caso" do Capítulo 6 – que podem dar uma *acelerada* em sua evolução profissional.

A questão da qualidade total é algo em que Fulano de Tal acredita muito, e gostaria de consolidar aplicando os quatro aspectos evidenciados na seção 8.3.

E, finalmente, você pode auxiliar o Fulano de Tal no debate de algumas sugestões finais para que o plano de carreira elaborado, efetivamente, contribua para a sua evolução profissional na Indústria e Comércio XYZ S.A. e, também, com a possibilidade de vir a trabalhar em outras empresas.

Glossário

"O hábito é o melhor mestre de todas as coisas."
Plínio

A seguir, são apresentadas as definições básicas dos principais termos utilizados no livro.

Ao abordar algum conceito básico, partiu-se da própria bibliografia, cujos principais autores foram mencionados, juntamente com suas ideias, no decorrer do livro. Também se trabalhou com definições próprias, que, no entender do autor deste livro, apresentam-se como válidas.

Outra questão é que este autor fez algumas adaptações de determinados termos especificamente para o assunto básico do livro: plano de carreira.

Salienta-se que a pesquisa bibliográfica evidenciou que, acima de diferenças semânticas e terminológicas, existem profundas divergências conceituais, as quais, inclusive, não se pretendeu sanar no presente livro, por escapar aos objetivos propostos.

Adaptabilidade é a capacidade de mudar posicionamentos – pessoais e profissionais – com qualidade, ajustando-se às novas situações imprevistas nas condições da empresa e no mercado de trabalho.

Administração de competências é o processo estruturado e sistemático de desenvolver e operacionalizar ações para maior atratividade, desenvolvimento, atuação e retenção dos profissionais pela empresa.

Administração por competência é o processo estruturado de operacionalizar as competências – essenciais e auxiliares – nas atividades básicas da empresa.

Administração do conhecimento é o processo estruturado e sistematizado de obter, coordenar e compartilhar as experiências, os conhecimentos e as especialidades dos profissionais das empresas, visando ao acesso à melhor informação no tempo certo, com a finalidade de otimizar o desempenho global das atividades de cada indivíduo e de toda a empresa.

Análise dos concorrentes é o processo estruturado de identificação e de conhecimento dos concorrentes, representados por outros alunos e/ou outros profissionais de empresa.

Análise da evolução profissional é a verificação periódica da situação do plano de carreira, utilizando critérios e indicadores de desempenho previamente estabelecidos.

Ameaças são situações do mercado de trabalho, incontroláveis pelas pessoas, as quais podem prejudicar o futuro de cada uma, mas que podem ser amenizadas ou evitadas, desde que conhecidas e trabalhadas antecipadamente e/ou com competência.

Aprendizado é a incorporação do que foi ensinado ao comportamento do indivíduo.

Atitude é a explicitação do comportamento, correspondendo ao modo de cada indivíduo se posicionar e agir perante cada situação apresentada em sua vida pessoal ou na empresa onde trabalha.

Avaliação de desempenho é o processo estruturado, entendido e aceito pelas partes envolvidas – avaliadores e avaliados – quanto à forma de atuação e os resultados alcançados em relação aos resultados esperados na empresa.

Benchmarking é o processo de identificação e de incorporação do conhecimento prático de outras pessoas, tendo a inteligência profissional de passar a aplicar esses conhecimentos com resultados melhores do que aquelas outras pessoas.

Bom senso é a capacidade e a habilidade em discernir entre o verdadeiro e o falso, entre os caminhos para o sucesso e para o fracasso, entre o lógico e o ilógico de um assunto administrativo ou técnico na empresa.

Capacitação profissional é a habilidade de identificar, adquirir e aplicar conhecimentos – conceituais, metodológicos e técnicos – em processos e atividades de sua área de atuação na empresa. Corresponde à aprendizagem gradativa, acumulativa e sustentada ao longo do tempo.

Cenários representam situações, critérios e medidas para a preparação do futuro das pessoas.

Coach – treinador – é o profissional com amplo conhecimento do mercado de trabalho, bem como das técnicas de análise da vocação e da capacitação atual e potencial das pessoas em treinamento, e que sabe transmitir – diretamente ou via terceiros – todos os ensinamentos e orientações necessários para a estruturação e aplicação de um plano de carreira otimizado na realidade atual e futura de cada pessoa treinada.

Código de ética profissional é o conjunto estruturado, lógico e disseminado de normas de conduta e de orientações ao processo decisório de cada pessoa, quanto ao que deve ser considerado certo ou errado.

Componentes do plano de carreira são representados pelo conjunto de conhecimentos, habilidades e atitudes das pessoas, os quais formam o centro de inteligência sustentada de cada profissional de empresa.

Comprometimento é o processo interativo em que se consolida a responsabilidade isolada ou solidária pelos resultados esperados por si e pela empresa onde trabalha.

Condicionantes do plano de carreira são fatores externos à essência do referido plano, mas que podem provocar benefícios ou situações inadequadas para a vida profissional das pessoas.

Conhecimento é a capacidade de entender o conceito e a estruturação de um assunto ou atividade, bem como saber consolidar sua aplicação em uma realidade específica da empresa.

Consenso é o processo estruturado, decorrente de uma análise decisória, em que se obtém um acordo ou concordância de ideias e de opiniões a respeito de um assunto ou atividade da empresa.

Desenvolvimento individual é o processo planejado e estruturado em que um estudante ou profissional de empresa identifica e se capacita em conhecimentos e habilidades básicos em um ou mais assuntos crescentes nas necessidades das empresas.

Educação corporativa é o processo estruturado e sustentado para consolidar maiores aprendizado, conhecimento e capacitação profissional, considerando as pessoas das empresas como seres humanos profissionais e sociais.

Efetividade é a relação otimizada entre os resultados alcançados e os objetivos propostos ao longo do tempo no plano de carreira de cada indivíduo.

Eficácia é a contribuição dos resultados – objetivos e metas – para a consolidação otimizada do plano de carreira da pessoa.

Eficiência é a otimização da aplicação das capacitações individuais – conhecimentos, habilidades e atitudes – no desenvolvimento do plano de carreira.

Empreendedorismo é o processo evolutivo e inovador da capacidade e habilidade profissionais direcionadas à alavancagem dos resultados das empresas – próprias ou de terceiros – e à consolidação de novos projetos estrategicamente relevantes.

Empregabilidade é dar ou conseguir trabalho e remuneração pelos seus conhecimentos, habilidades e atitudes, intencionalmente desenvolvidos por meio de educação e treinamento sintonizados com as necessidades do mercado de trabalho.

Emprego é o processo e contrato formais de trabalho *versus* remuneração entre uma pessoa e uma empresa, respeitando as leis trabalhistas em vigor.

Estratégias são as maneiras, inclusive alternativas, de se alcançarem os objetivos e as metas do plano de carreira.

Estrutura de administração de carreiras é o conjunto de políticas e processos estabelecidos e divulgados pelas empresas, visando maiores atratividade e facilidade de análise por parte dos profissionais do mercado, melhor negociação entre as partes, bem como otimizados planos de carreira e administração de pessoas, conciliando as necessidades e expectativas das pessoas e das empresas.

Estrutura lógica das carreiras é a sequência coerente de cargos ou funções que as empresas disponibilizam para a evolução profissional das pessoas.

Focos de atuação correspondem aos segmentos de mercado e/ou capacitações profissionais para os quais cada pessoa direciona os seus esforços e sua inteligência.

Habilidade é o processo de visualizar, compreender e estruturar as partes e o todo dos assuntos das empresas, consolidando resultados otimizados pela atuação de todos os recursos disponíveis.

Inteligência executiva é a habilidade que um profissional de empresa precisa ter para entender a natureza de um problema e de estruturar a melhor maneira de resolvê-lo.

Metas são etapas ou passos intermediários para se alcançarem os objetivos do plano de carreira.

Missão é o campo – espaço – em que cada pessoa – aluno e/ou profissional de empresa – atua ou poderá atuar no futuro, e a explicitação dos públicos que pretende atender. Corresponde à razão de ser de cada pessoa.

Motivação é o conjunto de energias e forças internas controláveis pelo indivíduo e que o mantém, permanentemente, direcionado para os objetivos e metas específicos e concretos estabelecidos em seu plano de carreira.

Objetivos são resultados quantificados e com prazos a serem alcançados para se consolidar o plano de carreira.

Oportunidades são situações do mercado de trabalho, incontroláveis pelas pessoas, as quais podem favorecer o futuro de cada uma, desde que identificadas e aproveitadas enquanto perduram.

Pensamento estratégico é a postura do indivíduo voltada para a otimização interativa e em *tempo real* de seu plano de carreira com o mercado de trabalho.

Plano de carreira é a explicitação formal de um conjunto planejado, estruturado, sustentado e sequencial de estágios que consolidam a realidade evolutiva de cada indivíduo, de forma interativa com as necessidades das empresas e das comunidades onde elas atuam.

Políticas são parâmetros e critérios para a orientação do processo decisório quanto ao plano de carreira.

Pontos fortes são diferenciações controláveis conseguidas pelas pessoas, de forma planejada e controlada, e que lhes proporcionam vantagens competitivas em relação às outras pessoas.

Pontos fracos são situações controláveis, mas inadequadas, que as pessoas apresentam e que lhes provocam desvantagens competitivas em relação às outras pessoas.

Postura estratégica é o nível de *aceleração* de cada pessoa para os seus focos de atuação, em sua realidade atual ou futura.

Processos correspondem aos conjuntos estruturados de atividades sequenciais que apresentam relação lógica entre si, com a finalidade de atender e, preferencialmente, suplantar as necessidades e as expectativas dos clientes externos e internos da empresa.

Produtividade é a otimização das capacitações de uma pessoa para a obtenção dos melhores resultados em seu plano de carreira.

Profissional de empresas é o indivíduo que contribui, direta ou indiretamente, para a otimização dos resultados das empresas, pelo conhecimento de metodologias e técnicas gerais e específicas à sua área de atuação, bem como pelos trabalhos individuais ou em equipes, quer estas trabalhem ou não sob a sua orientação.

Projetos correspondem a estruturações de trabalhos para se operacionalizar as estratégias, explicitando o resultado final a ser alcançado, o prazo de execução, as atividades a serem executadas e os recursos alocados – cursos, treinamentos –, para se consolidar o plano de carreira.

Qualidade total do plano de carreira é tudo que se faz em termos de aspectos intrínsecos, rastreados, de custos e de atendimento das expectativas das pessoas quanto ao seu futuro profissional e das empresas onde elas trabalham.

Remuneração estratégica é a que consolida elevada aderência e convergência dos cargos, e correspondentes salários, com as estratégias da empresa.

Remuneração por competências é a basicamente aplicada na alta administração, tendo a capacidade de inovação como o principal fator crítico de sucesso da empresa.

Remuneração por habilidades é a que procura correlacionar a remuneração ao desenvolvimento dos profissionais na empresa.

Rentabilidade é a relação percentual entre as remunerações totais durante determinado período de tempo e a quantidade e qualidade das capacitações aplicadas no plano de carreira de uma pessoa.

Sinergia é o efeito combinado de duas ou mais estratégias, levando o plano de carreira a um resultado maior do que a simples somatória das estratégias escolhidas.

Universidade corporativa é a unidade catalisadora e disseminadora de assuntos de conhecimentos, habilidades e atitudes, decorrentes das estratégias de uma empresa ou grupo de empresas.

Valor agregado é a situação em que as capacitações adquiridas podem aumentar os rendimentos globais proporcionados pelo plano de carreira elaborado por uma pessoa.

Valores representam o conjunto de princípios, crenças e questões éticas fundamentais de uma pessoa – individualmente ou em equipe –, os quais fornecem sustentação a todas as suas principais decisões.

Vantagem competitiva é a razão básica pela qual o mercado de trabalho *compra* os serviços de determinada pessoa, em detrimento de outros profissionais.

Visão é a identificação do que o indivíduo quer ser, dentro de um período de tempo mais longo e uma abordagem mais ampla.

Vocação é o ato de explicitar uma predestinação de um talento ou aptidão para uma atividade, de maior ou menor abrangência, e que proporciona sustentação para o desenvolvimento profissional, com qualidade de vida, das pessoas.

Bibliografia

"A mente que se abre a uma nova ideia
jamais voltará ao seu tamanho original."
Albert Einstein

A seguir, são apresentadas as principais referências bibliográficas utilizadas no desenvolvimento deste livro, bem como as obras que, embora não tenham sido utilizadas como referência, são de utilidade para você aprimorar seu conhecimento a respeito deste importante assunto que é o plano de carreira.

Salienta-se que a maior parte das referências bibliográficas citadas cuidam das atividades da carreira do **lado das empresas**, enquanto o **foco deste livro são os indivíduos**, preocupados em elaborar, com qualidade e inteligência, seus planos de carreira, como primeiro e fundamental passo para o efetivo sucesso em suas carreiras profissionais.

De qualquer forma, estas referências bibliográficas também servem para uma possível estruturação da disciplina "Plano de Carreira" em cursos diversos, tendo como sustentação básica o presente livro.

ANDERSON, S. D. Planning for career growth. *Personnel Journal*, EUA, v. 52, nº 5, p. 357-362, May 1973.

ANDREWS, Jean P. Easing the transition: how to implement an automated succession plan. *Personnel*, EUA, v. 66, p. 12-18, Mar. 1989.

ARGYRIS, Chris. *A interação indivíduo-organização*. São Paulo: Atlas, 1975.

ARTHUR, Michael B. Career development and participation at work: time for mating? *Human Resource Management*, EUA, v. 27, p. 181-199, 1988.

_____. *Personality and organization*. New York: Harper, 1957.

_____, LAWRENCE, Barbara S. Special issue on environment and career. *Journal of Occupational Behavior*, EUA, v. 5, nº I, p. 1-81, 1984.

_____; HALL, Douglas T.; LAWRENCE, Barbara S. *Handbook of career theory*. New York: Cambridge University Press, 1989.

ATHERTON, John C.; MUMPHREY, A. *Essential aspects of career planning and development*. Danville: Interstate Printers and Publishing, 1969.

BAILYN, Lotte. Career and family orientations of husbands and wives in relation to marital happiness. *Human Relations*, EUA, v. 23, p. 97-113, 1970.

_____. Resolving contradictions in technical careers; or, what if I like being an engineer. *Technology Review*, EUA, v. 85, p. 40-70, 1982.

BLANCHARD, Ken; HUTSON, Don; WILLIS, Ethan. *Empreendedor minuto*. Rio de Janeiro: Sextante, 2008.

BOWEN, Donald; HALL, Douglas T. Career planning for employee development: a primer for managers. *California Management Review*, EUA, v. 20, nº 2, p. 23-35, 1977.

BRATKOVICH, Jerrold R.; STEELE, Bernadette; ROLLINS, Thomas. Develop new career management strategies. *Personnel*, EUA, v. 69, p. 98-108, Sept. 1990.

BRIDGES, William. *Mudanças nas relações de trabalho*. São Paulo: Makron Books, 1995.

_____. *Um mundo sem empregos*. São Paulo: Makron Books, 1995.

BROWN, Duane; BROOKS, L. (Org.). *Career choice and development*. San Francisco: Jossey-Bass, 1984.

BROWN, M. C. Administrative succession and organizational performance: the succession effect. *Administrative Science Quarterly*, EUA, nº 27, p. 1-16, 1982.

BURACK, Elmer H. Perspective on career planning: change in focus. In: BURACK, E. H.; WALKER, J. W. (Org.). *Manpower planning and programming*. Boston: Allyn and Bacon, 1972, p. 234-239.

_____, MATHYS, Nicholas J. *Career management in organizations*: a practical human resource planning approach. Lake Forest, Ill.: Brace-Park, 1980.

_____. Career ladders, pathing, and planning: some neglected basics. *Human Resources Management*, EUA, v. 18, nº 2, p. 2-8, 1977.

CERBASI, Gustavo. *Casais inteligentes enriquecem juntos*. São Paulo: Gente, 2004.

CHAGAS, Anivaldo T. R. *A resposta do aprendiz*. Campinas: Akademika, 2007.

CLARK, David; BUFFETT, Mary. *O tao de Warren Buffett*. Rio de Janeiro: Sextante, 2007.

COHEN, H. A Planning and managing your career. *Data Management*, EUA, v. 10, nº 9, p. 21, Sept. 1972.

COHEN, S. L.; MEYER, H. H. Toward a more comprehensive career planning program. *Personnel Journal*, EUA, v. 58, nº 9, p. 611-615, Sept. 1979.

COLLIN, Audrey; YOUNG, Richard A. New directions for theories of career. *Human Relations*, EUA, nº 39, p. 837-853, 1986.

COVEY, Stephen R. *Os 7 hábitos das pessoas altamente eficazes*. Rio de Janeiro: Best Seller, 2005.

CRITES, John O. *Career adjustment inventory*. Monterey, CA: California Test Bureau: McGraw-Hill, 1978.

_____. *Career counseling*. New York: McGraw-Hill, 1981.

_____. *Career maturity inventory*. Monterey, CA: McGraw-Hill, 1973.

CRITES, John O. *Theory and research handbook*: career maturity inventory. Monterey, CA: California Test Bureau: McGraw-Hill, 1973.

DALTON, Gene; THOMPSON, Paul. *Novations*: strategies for career management. Glenview, Ill.: Scott, Foresman, 1985.

DELUCA, Joel R. Strategic career management in non-growing volatile business environments. *Human Resource Planning*, EUA, v. 11, p. 49-61, 1988.

DOERFLIN, S. Directions for career planning. *Personnel Administrator*, EUA, p. 93-107, Oct. 1985.

DRIVER, M. Career concepts: a new approach to career research. In: KATZ, R. (Org.). *Career issues in human resource management*. Englewood Cliffs: Prentice-Hall, 1982.

DRUCKER, Peter F. *Desafios gerenciais para o século XXI*. São Paulo: Pioneira, 1999.

DUTRA, Joel S. *Competências*: conceitos e instrumentos para a gestão de pessoas na empresa moderna. São Paulo: Atlas, 2004.

GALLWEY, Timothy W. *The Inner game of tennis*: the classic guide to the mental side of peak performance. New York: Random House, 1974.

GAUDÊNCIO, Paulo. *Superdicas para se tornar um verdadeiro líder*. São Paulo: Saraiva, 2007.

GREENHAUS, Jeffrey H. *Career management*. Hinsdale: Dryden, 1987.

_____; BEUTELL, N. J. Sources of conflict between work and family roles. *Academy of Management Review*, EUA, nº 10, p. 76-88, 1985.

GRIDLEY, John D. Forecast career paths easily. *Personnel Journal*, EUA, May 1986.

GRUSKY, O. Career mobility and organizational commitment. *Administrative Science Quarterly*, EUA, v. 10, nº 4, p. 488-503, Mar. 1966.

GUNZ, Hugh D. Dual ladder in research: a paradoxical organizational fix. *R&D Management*, v. 10, nº 3, July 1980.

_____. *Careers and corporate cultures*: managerial mobility in large corporations. New York: Basil Blackwell, 1989.

_____. The dual meaning of mangerial careers: organizational and individual levels of analysis. *Journal of Management Studies*, EUA, v. 26, p. 225-250, May 1989.

GUTTERIDGE, Thomas; OTTE, F. *Organizational career development*: state of the practice. Washington, D. C.: ASTD, 1983.

GYSBERS, Norman C. *Designing careers*: cousenling to enhance education, work, and leisure. San Francisco: Jossey-Bass, 1984.

HACKMAN, J. R.; OLDHAM, G. R. Development of the job diagnostic survey. *Journal of Applied Psychology*, nº 60, p. 159-170, 1975.

HALDANE, Bernard. *Career satisfaction an success*: a guide to job freedom. New York: American Management Association, 1974. 194 p.

HALL, Douglas T. A theoretical model of career subidentity development in organizational settings. *Organizational Behavior and Human Performances*, EUA, nº 6, p. 50-76, 1971.

_____. Dilemmas in linking succession planning to individual executive learning. *Human Resource Management*, EUA, nº 25, p. 235-265, 1986.

_____. *The career is dead, long live the career*: a relational approach to careers. San Francisco: Jossey-Bass, 1996.

_____. *Careers in organizations*. Pacific Palisades, CALIF: Goodyear Publishing, 1976.

_____. *Career development in organizations*: Pacific Palisades, CALIF: Goodyear Publishing, 1986.

HILL, N. *Counseling at the workplace*. New York: McGraw-Hill, 1981.

HILLS, Frederick S. *Career management*. Hinsdale: Dryden, 1987.

HOLIDAY INNS. Inc. *Career directions*: exempt positions. Memphis, Tennessee: Holiday Inns, 1983.

HOLLAND, John L. *Making vocational choices*: a theory of vocational personality and work environments. 2. ed. Englewood Cliffs: Prentice-Hall, 1985.

_____. *Making vocational choices*: a theory for career. Englewood Cliffs: Prentice-Hall, 1973. 146 p.

HUNTER, James. *O monge e o executivo*. Rio de Janeiro: Sextante, 2004.

_____. *Como se tornar um líder servidor*. Rio de Janeiro: Sextante, 2006.

IELLATCHITCH, Alexander; MAYRHOFER, Wolfgang; MEYER, Michael. Career fields: a small step towards a grand career theory. *International Journal of Human Resource Management*, v. 15(4), p. 256-271, 2003.

KIM, W. Chan; MAUBORGNE, Renée. *A estratégia do oceano azul*. 14. ed. Rio de Janeiro: Campus: Elsevier, 2005.

KIYOSAKI, Robert T.; LECHTER, Sharon L. *Pai rico, pai pobre*. Rio de Janeiro: Campus: Elsevier, 2000.

KRAN, Kathy E. Mentoring in the workplace. In: HALL, Douglas T. *Career development in organizations*. San Francisco: Jossey-Bass, 1986.

_____; LYNN, A. Isabella. Mentoring alternatives: the role of peer relationships in career development. *The Academy of Management Journal*, v. 28, p. 110-132, Mar. 1985.

KURZWEIL, Ray. *The age of spiritual machines*. New York: Penguin Books, 2000.

LEIBOWITZ, Zandy B.; FARRE, Caela; KAYE, Bervely L. *Designing career development systems*. California: Jossey-Bass, 1989.

LONDON, Manuel. *Managing the training enterprise*. San Francisco: Jossey-Bass, 1989.

_____. *Career management and survival in the workplace*: helping employees make tough career decisions, stay motivated, and reduce career stress. San Francisco: Jossey-Bass, 1987.

_____. *Developing managers*: a guide to motivating and preparing people for successful managerial careers. San Francisco: Jossey-Bass, 1985.

_____. Toward a theory of career motivation. *Academy of Management Review*, EUA, v. 8, nº 4, p. 620-630, 1983.

LONDON, Manuel; BRAY, D. W. Measuring and developing young managers career motivation. *Journal of Management Development*, EUA, v. 3, nº 3, p. 3-25, 1984.

_____; MONE, Edward M. *Career growth and human resource strategies*: the role of the human resource professional in employee development. New York: Quorum, 1988.

_____; STUMPF, Stephen A. *Managing careers*. California: Addison-Wesley, 1982.

LOUFFAT, Enrique. *Administración de carreras*: propuestas individual e corporativa. Lima: Universidad ESAN, 2006.

LOUIS, M. R. Career transitions: varieties and commonalties. *Academy of Management Review*, EUA, v. 5, nº 3, p. 329-340, 1980.

LUZ, Ricardo. *Programa de estágios e trainees*: como montar e implantar. São Paulo: LTr, 2005.

MARTINS, Hélio Tadeu. *Gestão de carreira na era do conhecimento*: abordagem conceitual e resultados de pesquisa. Rio de Janeiro: Qualitymark, 2001.

MAXWELL, John C. *O livro de ouro da liderança*. Rio de Janeiro: Thomas Nelson Brasil, 2008.

MEISTER, Jeanne C. *Educação corporativa*: a gestão do capital intelectual através de universidades corporativas. São Paulo: Makron Books, 1999.

MENKES, Justin. *Inteligência executiva*: a essência de todos os líderes. São Paulo: Rocco, 2004.

MINARELLI, José Augusto. *Empregabilidade*: o caminho das pedras. São Paulo: Gente, 1995.

PETERS, Thomas J. (Tom) *The brand you 50*. California: Borzoi Book/Alfred A. Knopf, 1999.

_____; WATERMAN, Robert H. *Vencendo a crise*: como o bom senso empresarial pode superá-la. São Paulo: Harper & Row, 1983.

PONTES, Benedito Rodrigues. *Planejamento, recrutamento e seleção de pessoal*. São Paulo: LTr, 1988.

PORTER, Michael E. *Competitive strategy*: techniques for analysing industries and competitors. New York: Free Press, 1980.

PORTWOOD, James D.; GRANROSE, Cherlyn S. Organizational career management programs: what's available? What's Effective? *Human Resource Planning*, v. 9, nº 3, p. 107-119, July/Sept. 1986.

ROSEN, Benson; GERDEC, Thomas H. Middle and later career problems: causes, consequences and research needs. *Human Resource Planning*, v. 13, nº 1, p. 59-70, Jan./Mar. 1990.

ROTHWELL, William; KAZANAS, H. C. *Strategic human resources and management*. New Jersey: Prentice-Hall, 1988.

RUMELT, R. in: HAMEL, G.; HEENE, A. *Competence-based competition*. New York: John Wiley, 1994.

SAVIANI, José Roberto. *Empresabilidade*. São Paulo: Makron Books, 1997.

SCHEIN, Edgar Henry. *Planejamento e desenvolvimento de recursos humanos*: fatores de eficácia das organizações. Rio de Janeiro: INCISA, 1978.

SOKOL, M.; LOUIS, M. R. Career transitions and life event adaptation: integrating alternative perspectives in role transition. In: ALLEN, V. L.; VAN DE VLIER, E. (Org.). *Role transitions*: explorations and explanations. New York: Plenum, 1984.

SONNENFELD, Jeffrey. *Managing career systems, channeling the flow of executive careers*. Homewood: Irwin, 1984.

_____, KOTTER, John P. The maturation career theory. *Human Relations*, EUA, nº 35, p. 19-46, 1982.

STEWART, Thomas A. *Capital intelectual*: a nova vantagem competitiva das empresas. 4. ed. Rio de Janeiro: Campus, 1998.

STUMPF, Stephen A. Choosing career management practices to suport your business. *Human Resource Planning*, v. 11, nº 1, p. 33-48, 1988.

SUN TZU. *A arte da guerra*. São Paulo: Jardim dos Livros, 2006.

TOFLER, Alvin. *The third wave*. New York: Bantam Books, 1981.

VAN MAANEN, John. *Organizational careers*: some new perspectives. New York: John Wiley, 1977.

VARDI, Y. Organizational career mobility: an integrative model. *Academic Management Review*, EUA, nº 5, p. 341-355, 1980.

_____; HAMMER, T. H. Intraorganizational mobility and career perspectives among rank and file employees in different technologies. *Academic of Management Journal*, EUA, nº 20, p. 622-634, 1977.

VONDRACEK, F. W.; LERNER, R. M.; SCHULENBERG, J. E. *Career development*: a life-span developmental approach. New Jersey: Lawrence Erlbaum Associates, 1986.

WAKABAYASHI, M.; GRAEN, G. B. The Japanese career progress study: a 7–year follow––up. *Journal of Applied Psychology*, EUA, v. 69, nº 4, p. 603-614, 1984.

WALKER, James W. *Human resource planning*. New York: McGraw-Hill, 1980.

_____. Individual career planning: managerial help for subordinates. *Business Horizons*, EUA, v. 16, nº 1, p. 65-72, Feb. 1973.

WALKER, L. S.; ROZEE-KOKER, P.; WALLSTON, B. S. Social polity and the dual career family: bringing the social context into counseling. *The Counseling Psychologist*, v. 15, nº 1, p. 97-121, 1977.

WEST, J. *Career planning, development, and management*: an annotated bibliography. New York: Garland, 1983.

WHITELEY, J.; RESNIKOFF, A. *Career counseling*. Monterey, CA: Brooks, Cole, 1978.

WILLIS, Sherry L. *Maintaining professional competence*: approaches to career enhancement, vitality, and success throughout a work life. San Francisco: Jossey-Bass, 1990. 328 p.

WHITMORE, John. *Coaching para performance*: aprimorando pessoas, desempenhos e resultados. São Paulo: Qualitymark, 2006.